「超」入門
空気の研究

日本人の思考と行動を支配する
27の見えない圧力

鈴木博毅

ダイヤモンド社

「超」入門　空気の研究

空気の研究とは?

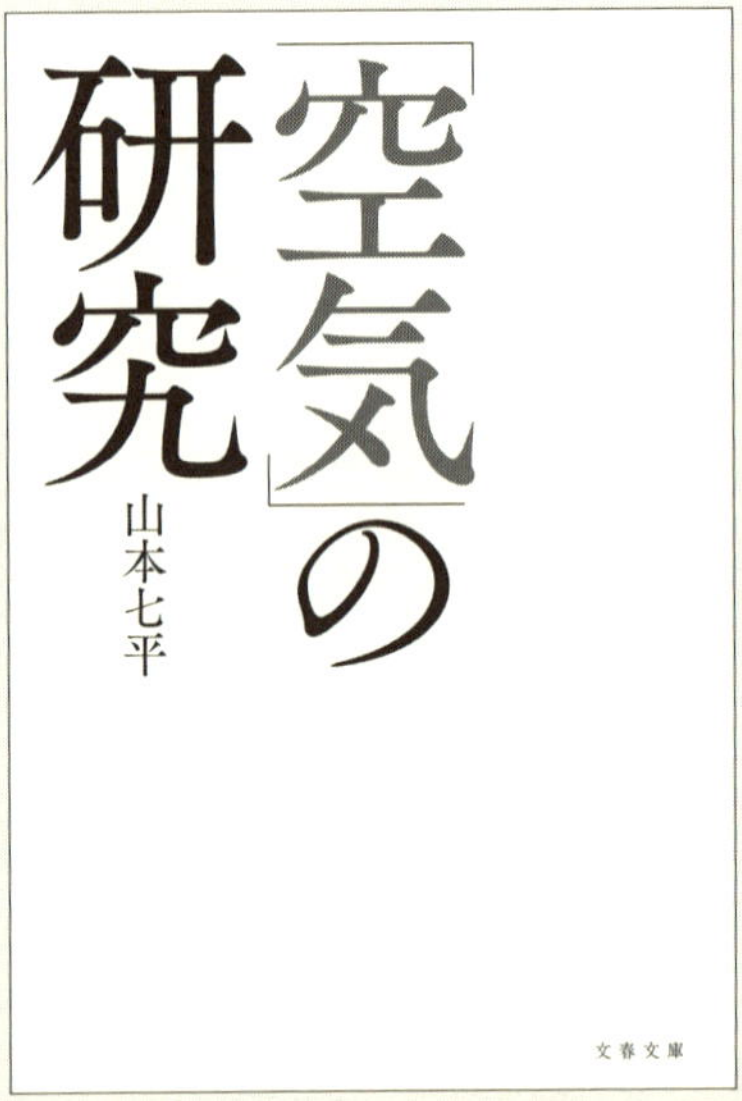

「空気」の研究
山本七平・著
文藝春秋／1977年初版発行（文庫版は1983年）

昭和期以前の人びとには「その場の空気に左右される」ことを「恥」と考える一面があった。しかし、現代の日本では〝空気〟はある種の〝絶対権威〟のように驚くべき力をふるっている。あらゆる論理や主張を超えて、人びとを拘束するこの怪物の正体を解明し、日本人に独得の伝統的発想、心的秩序、体制を探った名著。

はじめに――今も昔も日本人を支配するもの

なぜ日本の組織は息苦しいのか？

　私は、ビジネス戦略・組織論のコンサルタントとして仕事をする中で、変われない組織にはある共通する特徴があると感じてきました。

　変われない組織には、なぜか類似する「空気」があるのです。

　１９７７年（文庫版は１９８３年）に出版された山本七平・著『「空気」の研究』という書籍があります。この書は、日本人の特殊な精神性や日本的な組織の問題点を指摘する存在として、世に出て以降ずっと読み継がれてきました。

　同書を一読されたほとんどの方は、この書が今の日本の何か重要な問題を描き出しているると感じるのではないでしょうか。

　神経をすり減らす人間関係、個性より周囲との協調性を優先する教育、繰り返される組織内での圧力などが今、問題となっています。

　息を潜めて、目立つことを避けながらも、周囲を常に意識しなければ不安にさせられる

「相互監視的」な日本社会のリアル。誰もが「空気」に怯えながら、「空気」を必死で読む日々に疲れ切っているように見えます。

山本氏は、世界の歴史や宗教への深い造詣、戦地での極限の体験などから、日本人を支配する「空気」という存在を、多角的に描写してその力学を解き明かしています。『「空気」の研究』で鋭く描写された多くの理不尽な構造は、残念なことに現代日本でもまったく変わらないままです。

本書は名著『「空気」の研究』を、現代のビジネスパーソンが活用できるように構造化・論理化していきます。曖昧な存在だった空気を打破し、空気が引き起こし続けている日本の失敗や悲劇に終止符を打つことを最終目標にして、皆さんとともに学んでいく書籍です。

エスカレートする日本社会の生きづらさ

「空気」という言葉から、日本社会の息苦しさを連想する人は多いのではないでしょうか。自由に意見が言えず、人と違えば叩かれ、同調圧力を常に感じる。

山本氏は『「空気」の研究』で、日本の組織・共同体は「個人と自由」という概念を排除する、と指摘しました。

最近ではネットやSNSでの誹謗中傷、匿名の集団による個人攻撃もエスカレートしています。学校ではいじめや自殺がなくならず、会社ではブラック企業や過労死が問題になっています。

1977年に同書が世に出て以降、日本社会の生きづらさは改善されるどころか、益々ひどくなっているように思えます。

では、なぜ日本社会はこんなにも息苦しいのでしょうか？

それは、私たちの社会に浸透する「空気」と大いに関係しているのです。

「空気」が日本を再び破滅させる

東日本大震災後の国の対応、東京都の築地市場の移転問題、相次ぐ巨大企業の不祥事と隠蔽、次々と明らかになる組織内でのパワハラやセクハラ……。

その都度指摘されるのが「同調圧力」「忖度」「ムラ社会」「責任の曖昧さ」などです。問題への対処にさえ「なかったフリをする」「起きた事故の惨禍に目をつぶる」など、日本社会の悪しき慣習が、この国の問題を拡大して日本人を苦しめているかのようです。

『「空気」の研究』で、山本氏は衝撃的な予言を残しています。

もし日本が、再び破滅へと突入していくなら、それを突入させていくものは戦艦大和の場合の如く「空気」であり、破滅の後にもし名目的責任者がその理由を問われたら、同じように「あのときは、ああせざるを得なかった」と答えるであろう[*1]

山本氏は砲兵士官として1944年にフィリピンのルソン島に出撃し、その地で敗戦を迎えています。そのため『一下級将校の見た帝国陸軍』などの軍体験を活かした著作も多いです。その山本氏が「日本が再び破滅するなら、空気のためだ」と予言しているのです。

敗戦後の日本は、1980年代まで経済成長が続き、一億総中流時代と呼ばれた豊かな時期を経験していました。その頃すでに、日本の未来に「空気による破滅」を山本氏は予感していたのです。

旧日本軍の失敗と今の社会問題に共通すること

終戦直前、護衛戦闘機もなく沖縄へ出撃した戦艦大和は、アメリカの戦闘機の波状攻撃を受けて戦果なく撃沈されました。無謀な作戦の理由を聞かれて、軍令部次長だった小沢治三郎中将はこう答えたと言います。

「全般の空気よりして、当時も今日も（大和の）特攻出撃は当然と思う」[*2]

山本氏はこの発言に「空気」の存在を見ていました。

当然とする方の主張はそういったデータ乃至根拠は全くなく、その正当性の根拠は専ら「空気」なのである。従ってここでも、あらゆる議論は最後には「空気」できめられる。[*3]

さらに、山本氏は大胆に、空気を「妖怪」のようなものだと指摘します。

統計も資料も分析も、またそれに類する科学的手段や論理的論証も、一切は無駄であって、そういうものをいかに精緻に組みたてておいても、いざというときは、それらが一切消しとんで、すべてが「空気」に決定されることになるかも知れぬ。とすると、われわれはまず、何よりも先に、この「空気」なるものの正体を把握しておかないと、将来なにが起るやら、皆目見当がつかないことになる。[*4]

「空気」で合理性が消し飛ばされ、非合理極まりない決定に突き進むかもしれない。

日本が破滅の道を避けるには、「空気という妖怪」の正体を見極めるべきなのです。

なぜ穏和な日本人は集団になると攻撃的になるのか

日本社会でたびたび問題となる「いじめ」。

集団の中で誰かを多数で攻撃したり、陰湿な差別をすることに、学校現場で歯止めがかかりません。いじめの対象にされた子供が自殺する痛ましい犯罪がいまだに続いています。

最近では、ネットや不特定多数が参加するＳＮＳでも、特定の人物を袋叩きにするような現象が頻繁に起こっています。

空気を乱す者を敵視して、集団になると個人の倫理を捨てて一斉に攻撃する陰湿さ。

日本人は性格的に穏和な人が多いと言われながら、特定の状況には極めて非情、不寛容で仲間外れにすることに容赦がありません。まるで古い時代の村八分《むらはちぶ》のようです。

一体、なぜこのようなことが起きるのでしょうか。そしてなぜ、日本社会はそれを克服できないのでしょうか。

日本的なムラの仕組みにも、「空気」が大きく関係しているのです。

一瞬で頭が切り替わり矛盾も気にしない

日本人は海外に行くと、その国に溶け込んでしまうと言われます。「郷に入れば郷に従う」で、その国の文化や信条にできる限り従おうとするからでしょう。

日本人の民族性の一つは、「状況に即応する」ことなのかもしれません。

何かに染まりやすい、自らを進んで塗り替える性質を持っているのです。

裏を返せば、状況に即応する意味での一貫性が日本人には常に存在しています。

山本氏は「明治維新」「文明開化」「敗戦後」には、がらりと変わったという意味での共通点があると指摘します。みんなが一緒に新しい方向を向く。文明開化の時代と言われたら、国を挙げてそれに取り組み、みんなが乗っかってしまう。

敗戦で戦争が終わり、平和な時代になると、鬼畜米英がアメリカの自由主義万歳になる。一瞬でほとんどの人の頭が切り替わり、なぜそうなったかは気にしない。

こうした日本人の瞬時の対応力を、山本氏は「見事なものだ」と何度も褒めています。時代の転換点で、状況にすぐ頭が追いついてしまう。だから時に、他国を驚かすような急激な変化を実現し、ちょっと前までの自分たちと矛盾することなど、日本人は苦にもしない。そのプラス面が出たのが明治維新であり、その後の文明開化や敗戦後の経済成長だったのです。

仮装の西洋化では変わらなかった日本人の根源的ルーツ

変わってしまった状況に「即応する」のが日本人の行動原理だとするなら、江戸時代から明治維新、戦前から戦後という大激変期にも、日本人の根本は変わっていないのではないでしょうか。

「仮装の西洋化」で日本人は自分が変身したように感じて、過去を捨ててしまう。しかしその実体は、「変化に即応する」「先に進む度に過去の歴史を捨てる」など、変わらない日本人の根源的な行動様式、一貫した思想の結果ではないか。

平成になり、21世紀に生きているように振る舞いながらも、その規範や意識、抱えている問題は、まさに「昭和の行動原理」から生み出されているのかもしれません。いや、日本人の根源的な思想は、大昔から変化していない可能性さえあるのです。

日本人を知るための、もう一つの「失敗の本質」

過去30年以上読まれ続けた『失敗の本質』という名著があります。野中郁次郎氏ら6名の共著者によるこの書籍は、旧日本軍の戦略・組織上の失敗を明らかにした書として累計70万部以上のロングセラーとなっています。

山本氏の『「空気」の研究』は、日本人の思考様式や文化的精神性の「失敗の本質」を解明した名著と言えるかもしれません。日本人が集団として組織化したときの〝規範〟も分析しているため、日本人が陥りやすい「失敗の本質」を探り当てているのです。

明治維新や近代化、敗戦後の復興と経済成長では、日本人は世界でも稀な偉業を成し遂げています。誇るべき日本人の文化的・思想的ルーツの力なのは間違いありません。

一方で、日本は悲惨な第2次世界大戦で数百万人の命を失いました。敗戦後の経済至上主義的な社会でも多くの問題を生み出し、放置したまま拡大して惨劇にまで発展させたことがたびたびありました。この傾向は現在も続いています。

山本氏が描いた「空気」を本当の意味で知ることは、私たち日本人を知ることです。日本人の思考や精神のメカニズムを知ることです。日本人を縛り続け、歴史上の幾多の成功と失敗へと導いてきた恐るべき「何かの力」を把握して、その正体を見極めることなのです。

空気という妖怪の正体をつかむ「7つの視点」

本書は、『「空気」の研究』を構造から把握するために、次の7つの視点で紐解きます。

第1章「空気という妖怪の正体」

なぜ空気が合理性を破壊するのか。不可能とわかり切っている作戦をなぜ決行するのか。この章では、日本人が合理性と空気の狭間で引き裂かれている理由を解説します。

第2章「集団を狂わせる情況倫理」

日本人は共同体、集団になると、なぜか愚かな決断をしてしまう。ムラ社会と言われる日本で、空気が共同体にどんな影響を与えているかを解説します。

第3章「思考停止する3つの要因」

日本社会の中に、空気の拘束をより強力にしてしまう要素が存在します。何が空気を狂暴化させているのか、日本人の思考法とともに空気の構造を読み解きます。

第4章「空気の支配構造」

空気が日本社会を支配するときの、3つの代表的パターンを紹介して、精神的な拘束が、物理的な影響力に転換される構造を明らかにしていきます。

第5章「拘束力となる水の思考法」

加熱した空気を冷やす「水」という存在。山本氏の記述から、水の機能とその正体を解説し、その限界を明示することで、空気を打破する新しい入り口を考えます。

第6章「虚構を生み出す劇場化」

空気は虚構を生み出すが、人間社会では虚構こそが人を動かす。日本人が、虚構の劇場化で社会を動かし、時に狂う理由を、歴史を踏まえながら解説していきます。

第7章「空気を打破する方法」

山本氏の解説した「根本主義《ファンダメンタリズム》」などから、本書第6章までの分析を踏まえて、空気打破の方法を発展的に論じます。

山本氏は空気の拘束から脱出するためには、その正体をまず正確に把握すべきだと何度も強調しています。

日本社会に息苦しさを生み出す空気と、個人に自由を許さない共同体原理。日本の組織を支配して、時に合理性を完全に放棄させるその恐ろしさ。太平洋戦争の惨禍と社会統制の異常な時代を体験した多くの日本人は、空気の異常性を訴え、空気打破への願いを込めて、さまざまな形で空気の正体を描写しようとしてきました。

山本氏の『「空気」の研究』は、空気打破への英知の集大成と考えることもできます。私たち日本人は、明治維新から150年を経て、空気を打ち破る入り口に立っています。今こそ、悲惨な歴史を繰り返さないため、健全な未来を創造するために、『「空気」の研究』からその打破の方法を学びとるべきなのです。

『「空気」の研究』を紐解く7つの視点

1章　空気という妖怪	▶ 合理性を破壊する見えない圧力
2章　情況倫理	▶ 集団になると狂暴化する謎
3章　思考停止	▶ 日本人が感染しやすい3つの要因
4章　空気支配	▶ 金縛りを生む3つの基本構造
5章　水の思考法	▶ 常識に縛り付ける新たな拘束力
6章　劇場化	▶ 「日本劇場」を操る「何かの力」
7章　空気打破	▶ 空気を破壊する4つの方法

はじめに
今も昔も日本人を支配するもの

なぜ日本の組織は息苦しいのか？…3／エスカレートする日本社会の生きづらさ…4／「空気」が日本を再び破滅させる…5／旧日本軍の失敗と今の社会問題に共通すること…6／なぜ穏和な日本人は集団になると攻撃的になるのか…8／一瞬で頭が切り替わり矛盾も気にしない…9／仮装の西洋化では変わらなかった日本人の根源的ルーツ…10／日本人を知るための、もう一つの「失敗の本質」…11／空気という妖怪の正体をつかむ「7つの視点」…12

第1章
日本を支配する妖怪の正体
——日本人が逃れられない「見えない圧力」

空気の正体 01
見えない圧力で合理的な思考をゆがめる…28

なぜ日本には言論の自由がないのか…28／抵抗すれば社会的に葬られるほどの強い圧力…29／この「前提」からはみ出すことを一切許さない…30／戦艦大和の出撃は「空気」で決められた…32／「空気から逃れられない」とは、どういう意味か…33

CONTENTS

空気の正体

02

前提に従わない者を徹底的に叩く…37

空気＝前提に従わない異論者を攻撃する…37／日本を覆う「同調圧力」と「空気」の正体…38／前提に従わない者を徹底的に叩く…40／なぜ空気が日本の問題解決力を破壊するのか…40／悪意のある「人工的な前提」を見抜け…43

空気の正体

03

議論する前からすでに結論は決まっている…45

理不尽な「二重基準」が頻発する理由…45／なぜ、沖縄戦で戦艦大和は特攻したのか？…46／日本の敗戦が「確実」になって出現した前提…48／作戦決行は成功率とは関係なかった…49／論破しても、空気をまったく打破できない理由…50／それ以外に道がないという「誘導」がゆがんだ空気をつくる…52

空気の正体

04

論理的な議論でも空気づくりを加速させる…55

論理的な議論がいつの間にか空気に支配される謎…55／あれもダメ、これもダメから「前提」が固まり出す…56／自分に有利な前提以外はすべて「ダメ出し」する…57／一つの組織にも利害が異なる立場の人たちがいる…59／失敗や不祥事が空気から生まれる理由…60

第2章 なぜ日本人は集団だと狂暴になるのか？
——日本的ムラ社会を動かす狂気の情況倫理

空気の正体 05
ムラごとに「善悪の基準」が違う……64
ムラ社会では、それぞれの善と悪がある…64／〝父と子の隠し合い〟で、ムラに不都合な現実を無視する…65／日本には「共通の正義」は存在しない…66／日本で忖度が生まれやすい理由…69／ムラ社会では生きるために空気を読む…71

空気の正体 06
すべてのいじめは「お墨付き」を得て始まる……74
お笑い芸人は何を読んでいるのか？…74／いじめは必ずクラスの前提を読んでから始まる…75／空気に支配された狂気の倫理基準…77／なぜ日本ではネットの集団攻撃が生まれやすいのか？…79

空気の正体 07
集団の「物の見方」に感染し、倫理基準を乗っ取られる……83
情況に左右されない西欧の固定倫理とは…83／情況に流された人間は、有罪か無罪か？…84／いじめの加害者がたった1本の献花を恐れる理由…86／では「空気」と「情況」はどう違うのか？…88／「自分の見方」はやがて乗っ取られる…91

CONTENTS

第3章 なぜ日本人は感染しやすいのか？
――日本人を思考停止に追いやる3つの要因

空気の正体
08
空気は「感情」と結び付くと拘束力を増す … 94

ただの前提が、なぜ日本人を拘束する巨大な力となるのか…94／キーワード① 「臨在感」――なぜ新聞記者はカドミウムを見てのけぞったのか…95／臨在感は「因果関係の推察」が生み出す…97／臨在感を笑った福澤諭吉の過ち…99／諭吉少年が間違えた、臨在感の本当の発生源とは…101／空気は臨在感と結び付いて、より強く人を拘束する…102

空気の正体
09
感情の刷り込みで「善悪」を自由に操れる … 104

臨在感は、気の迷いであることも、正しい推察の場合もある…104／病原虫のいる川のたりは、単なる気の迷いではない…105／「イワシの頭」にさえ日本人は支配されてしまう…106／機敏さと盲動の二面性を持つ日本人の謎…108／なぜ日本の政治は、政策論争と関係ないことの応酬になるのか…109／臨在感の呪縛から逃れるには「歴史を学ぶこと」…110／最強の大衆扇動術は「臨在感」を操ること…111

空気の正体
10
日本人の親切は自分の正しさを押し付けること…114
キーワード②「感情移入」――自分の感情と現実の区別がつかない…114／思考と現実が、どこかでつながっているという感覚…115／日本人の親切とは「自分の想い」を押し付けること…116／日本軍にもあった「感情移入の絶対化」問題…118／なぜ日本人は「やりがい」を求めるのか？…119／「精神的」と「物理的」の二つの対策を行う…120／日本人がリスク管理で抱える致命的な欠点…122

空気の正体
11
「絶対化」がウソや矛盾を生み出す…125
キーワード③「絶対化」――例外や不都合な事実を隠す無謬性…125／相対的なものを絶対化すると必ずウソが生まれる…126／旧日本軍で行われた陰湿な初年兵いじめ…127／軽率な絶対化がウソや矛盾を生み出す…128／絶対化とは、資質や条件を問わせない圧力…130

第4章 私たちはこうして思考を乗っ取られる
――空気の拘束を生む3つの基本構造

空気の正体
12
言葉で「ラベル化」すると簡単にダマされる…134

CONTENTS

「空気による支配」3つの基本構造…134／支配構造①「文化的感情」の臨在感的把握による支配…135／支配構造②命題を絶対化する「言語」による支配…136／「言葉」で人の思考は拘束できる…138／言葉に「隠された前提」が空気をつくる…139／狂気の「大本営発表」で破綻した旧日本軍…140

空気の正体
13
メディアは空気を生み出す装置となる…145

支配構造③「新しい偶像」による支配…145／自分がつくった彫像に恐れおののいた芸術家…146／知らぬ間に善悪を操る刷り込み法…148／「新しい偶像」は感情移入を誘発する新種のウィルス…149／マスメディアは偶像を生み出す装置である…150／西欧世界は数千年かけて空気を克服してきた…152

空気の正体
14
「ただの石」さえ、あなたを支配する神となる…155

空気を生み出す4ステップ…155／西郷隆盛を「悪の権化」として偶像化した明治政府…156／ただの石が、あなたを支配する神になる…158／一夜にしてアメリカ人の大半が肥満になったカラクリ…160／結論より「前提」を大衆に押し付けるほうが気付かれない…161

第5章 なぜ日本人は「常識」に縛られてしまうのか？

――新たな拘束力となる水の思考法

空気の正体 15
水を差しても決して空気は消えない……166
日本社会を動かす「見えない原理」……166／空気の対処法としての「水」とは？……167／空気の暴走を食い止める「水」と「雨」……168／空気と対比される「水」とは一体何なのか……169／水があるのに、どうして空気の猛威が消えないのか……171

空気の正体 16
水はやがて日本人を「常識」に縛り付ける……175
水（雨）は、あなたを別の形で拘束している……175／空気と水、日本人を拘束する二つの構造……176／水はやがて日本人を「常識」に縛り付ける……177／水は「世の中そういうもの」という通常性をぶつけてくる……178／「竹槍ではB29を撃墜できない」と言った者への非難……181／「非国民」「努力の尊さ」という詐術のメカニズム……182

空気の正体 17
日本の「科学的」にはウソが含まれている……185

CONTENTS

疑似西欧的な論理が生み出す空気…185／〝科学的研究〟は、カドミウムが原因ではないと断言した…186／日本で使われる「科学的」に含まれるウソ…187／疑似西欧的な論理に水は無力である…189

空気の正体 18
外来文明を都合よく「骨抜き」に溶解する…192
外来文明を消化する水の溶解作用…192／敗戦後、なぜ日本人は急に民主主義者になったのか？…193／日本の〝仏教〟は仏教ではない!?…195／外来思想を骨抜きにする日本独自の「翻訳文化」…196

第6章 「日本劇場」を操る「何かの力」
——支配者にとって空気は世論をつくる最強の武器

空気の正体 19
「虚構」だけが人を動かす力である…202
空気とは結局、支配のための装置…202／なぜ「虚構のみが人を動かす」のか？…203／日本という国に作用する不思議な「何かの力」…204／日本を滅ぼす圧力の正体…205／国民の権利はく奪も空気づくりから始まる…207／虚構に依存する者の末路…208

空気の正体
20 日本人は「劇場化」を好み、それにより破滅する…212

虚構で大衆を操るための「劇場化」…212／今の日本も実際は「鎖国」で情報統制されている!?…213／劇場化の4つの最弱点とは?…214／虚構による外交が、破綻の呼び水である理由…216／劇場を信じ続けた者は、現実の戦場では生き残れなかった…219

空気の正体
21 日本的な会議は多数決原理をわざと誤用する…222

なぜ会議室と飲み屋では意見が変わるのか…222／多数決原理をわざと誤用する、日本の会議システム…223／賛成で可決されても、問題のマイナス面は消えない…224／日本で多数決原理を健全に活用する二つの対策…226

空気の正体
22 「解放の力」がいずれ未来を拘束する…228

日本には「二つの自由」がある…228／解放の力は、いずれ未来を拘束する存在となる…229／「日本スゴイ論」が破滅への道である理由…231／日本しか知らないことは、日本をまったく知らないことである…233／日本では「ムラの外」を知ることが優位性をもたらす…234

第7章 どうすれば空気を破壊できるのか？

——巨大な圧力に抵抗する4つの方法

CONTENTS

空気の正体 23
空気を「4つの起点」で打破する…240

山本氏が指摘する、4つの起点とは？…240／①空気の相対化…241／②閉鎖された劇場の破壊…243／③空気を断ち切る思考の自由…245／④流れに対抗する根本主義《ファンダメンタリズム》…247

空気の正体 24
日本人の根底にあるのは独自の「日本教」…250

日本人の根源的な思想は、自然思慕の「日本教」である…250／「この世をつくったのはただの人」という日本人の根本思想…252／世界の宗教と日本教は「反転」している…254／思想を絶対視しないのに、情況に縛られる日本人…255

空気の正体 25
独自性を形づくる「原点」を明確にする…258

日本の根本主義とは何か？…258／集団の理想を守ろうとする情熱が変革の原動力となる…259／根本の再確認は「集団の譲れぬ一点」を見出させる…260／アップル社員に原点を浸透させた「シンク・ディファレント」…262／原点の明確化が空気を打破する最強の力となる…264

空気の正体 26
ムラを解放する「独自の正義」が空気を変える…267

明日から会議に出て下さらなくて結構です…267／あなたは集団に貢献する「独自の正義」を持っているか…268／ジョブズがアップルⅡ開発時に持っていた「独自の正義」…269／普遍性の高い正義は、世界に新しい自由と解放を生み出す…271／思考の盲点にひそむ非常識な本質…273／現代ビジネスの覇者は、前提外しの思考力に優れている…274

空気の正体
27 空気を打破することは知性を回復することである…278
歴史が教える事実「空気の固定化は破滅への道」…278／分析的な追求には「前提の放棄」が必要である…279／空気に支配されると「同じムラ人詐欺」が始まる…280／空気と水では正しい未来は描けない…284／空気を打破することは、知性を回復すること…285

おわりに――空気を超克する新たな時代の創造へ…289
後注（出典元）…295

第1章

日本を支配する妖怪の正体

日本人が逃れられない「見えない圧力」

01 見えない圧力で合理的な思考をゆがめる

なぜ日本には言論の自由がないのか

私たち日本人が、「空気」という言葉で連想する一番のイメージは、窮屈さでしょう。空気を読め、とはよく言われます。

『「空気」の研究』は、山本氏と雑誌記者との道徳教育の議論から始まります。山本氏が、「日本の道徳は差別の道徳である、という現実の説明からはじめればよい」と記者に伝えたところ、記者は驚愕して、とてもそんなことは書けないと反論します。

山本氏は現実の事例を挙げた上で、次のように切り返します。

……

「どうしてですか、言論は自由でしょ」

「いや、そう言われても、第一うちの編集部は、そんな話を持ち出せる空気じゃありません」[*1]

日本では、言論の自由はタテマエで、実際には「空気」という規制があることがわかります。空気は、その一線をはみ出てはいけない境界線として意識されているのです。

抵抗すれば社会的に葬られるほどの強い圧力

『「空気」の研究』を読むと、「合理的な思考をゆがめる強力な力」が空気にあることもわかります。空気が悪影響を及ぼすところでは、公平な意見は遮られ、合理性を基にした判断も差し挟む余地がなくなります。

（空気は）非常に強固でほぼ絶対的な支配力をもつ「判断の基準」であり、それに抵抗する者を異端として、「抗空気罪」で社会的に葬るほどの力をもつ[*2]

空気の支配は「この考え方に従え」「これを疑うな」「この前提をそのままのみ込め」と

いった強固な圧力を生み出し、日本人を抑圧します。

恐るべきことに、山本氏が「われわれはそれに抵抗できない」[*3]とまで指摘するほど、意思決定や判断に強烈な圧力をかけてくるのです。

この「前提」からはみ出すことを一切許さない

一つだけはっきりしていることは、「空気」がある種の前提をつくり、そこからはみ出した意見や結論を、一切許さない圧力であることです。

山本氏が「日本の道徳は差別の道徳である」と記者に指摘したときの状況を考えてみましょう。雑誌記者は山本氏が挙げた例は認めたものの、過激で批判が予見される記事は、うちの編集部では持ち出せない〝前提〟があると語っていると想定できます。

「空気」＝ある種の前提

大抵の場合、「空気＝ある種の前提」はやわらかな提案などではありません。

この境界線からはみ出すなという、強い圧力が込められた存在です。

先の教育雑誌の記者の編集部で、もし若手の記者が過激な記事を編集長に提案したなら、恐らく「お前はうちの空気が読めてないだろ！」と怒られるはずです。

これは次のように言い換えることができます。

「お前はうちの空気が読めてないだろ！」
「お前はうちの**前提**が読めてないだろ！」

例えば、ある会社で、顧客の接待に新人社員を同席させたとします。

その新人が、顧客との会食中にビジネスとまったく関係ない話をし始めたり、顧客の関心を無視して相手を楽しませない流れをつくった場合、上司はどう感じるでしょうか。

「この新人は、空気が読めてない」（上司は心の中で怒りながら）

これは、新人が「この会食が顧客を楽しませる場という前提」を理解していないことを意味します。空気を読め、とは前提を理解しろ、と解釈できるのです。

戦艦大和の出撃は「空気」で決められた

『「空気」の研究』では、戦艦大和が敗戦間際の1945年4月に、沖縄に特攻攻撃をかけたときのことが書かれています。

世界最強を目指した日本海軍の戦艦大和。全長263メートル、世界最大の46センチ主砲を持ち、最新技術を導入してつくられ、1942年には日本海軍の旗艦となります。

しかし、虎の子の巨大戦艦はミッドウェー海戦、レイテ海戦などでも効果的な活躍はできず、敗戦が濃厚になった1945年に「大和の水上特攻攻撃」が決定されます。すでに航空機の時代で、戦艦だけでは確実に撃沈されてしまう状態だったのにです。

山本氏は、戦後の「文藝春秋」のインタビュー記事から「全般の空気よりして、当時も今日も（大和の）特攻出撃は当然と思う」という小沢中将の言葉を紹介しています。[*4]軍部内で「戦艦大和は沖縄に特攻すべき」という前提があったことがわかります。

戦艦大和は、出撃後すぐに米軍に発見され、戦闘機の波状攻撃で撃沈されました。

また山本氏は、1970年代に話題となった自動車の排気ガス規制の日本版マスキー法にも触れています。

これは、排気ガス中のＮｏｘを有害と捉えて、環境基準を引き上げて、基準を守れない自動車には新たに課税する法案です。日本版マスキー法は成立の過程で、科学的な見地からＮｏｘの基準値を厳しくする必要があるかが議論されました。

しかし、当時の科学ではＮｏｘが人体に有害だと証明できなかったのに、自動車は有害のように扱われて、一方的に悪と断定する空気ができ上がっていったのです。

これもＮｏｘが有害という〝前提〟を基に議論したのでしょう。前提（空気）に合う要素だけを受け入れて、その他の事実は一切無視したのです。

「空気から逃れられない」とは、どういう意味か

『「空気」の研究』の第1章では、空気に関する描写がいくつか出てきます。

この描写にある「空気」を「前提」と置き換えても完全に意味が通じます。

……

彼は、何やらわからぬ「前提」に、自らの意志決定を拘束されている。[*5]

彼を支配しているのは、今までの議論の結果出てきた結論ではなく、その「前提」なるものであって[*6]

従って、彼が結論を採用する場合も、それは論理的結果としてでなく、「前提」に適合しているからである。[*7]

「人が空気から逃れられない」とは、「人がある前提から逃れられない」と置き換えることが可能です。空気があるとその前提を基に結論を出すことを強要されるのです。

つまり「空気（前提）」があると、議論は単なる飾りなのです。「大衆が空気から逃れられない」とは、「大衆をある前提から逃がさない」と置き換えることもできるでしょう。

「空気」＝ある種の前提

この置き換えを見たとき、私たちは呆気にとられるかもしれません。あまりにも、単純すぎるからです。

一方で、「空気」という言葉から連想される各種の問題は、非常に大きく複雑で、窮屈

空気とは、ある種の前提である

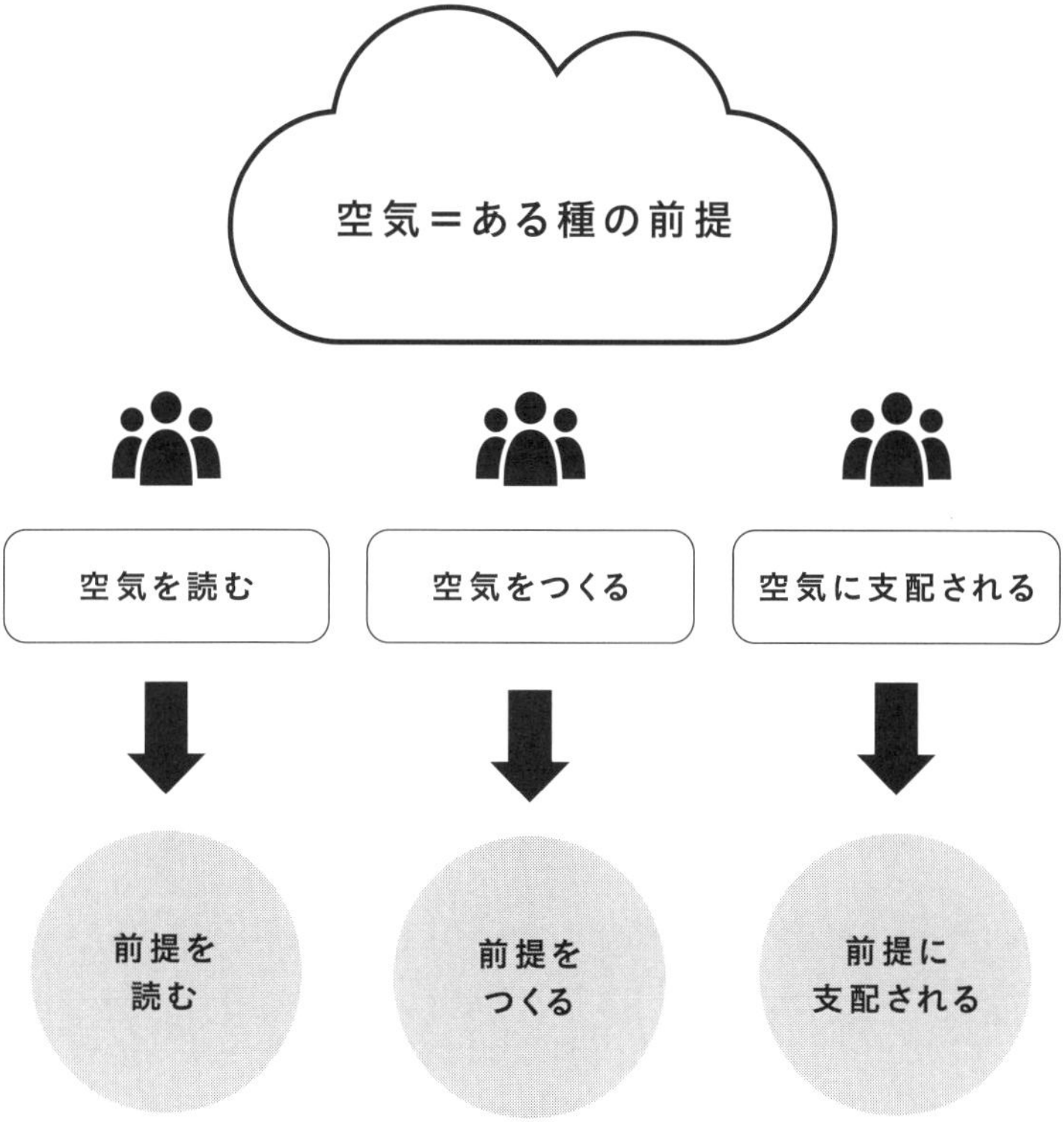

空気は絶対的な支配力を持つ「判断の基準」である

戦艦大和は撃沈されるとわかっていたのに、
「出撃せざるを得ない」前提があった

さや矛盾、時に日本人の集団を致命的な失敗に導くとされています。約３００万人の日本人が命を失った太平洋戦争は、大衆が空気に導かれてしまったことで始まったと指摘されるほどです。

では、なぜこれほど単純な置き換えが可能なのに、巨大で解決不可能な問題が発生してしまうのでしょうか。

まとめ

空気は「ある種の前提」と定義できる。空気に支配された集団は、科学的・合理的思考さえ捻じ曲げて、前提に適合している結論しか受け入れないことで、現実と乖離して狂い始める。

空気の正体

02 前提に従わない者を徹底的に叩く

空気＝前提に従わない異論者を攻撃する

単純化できる定義と、空気が引き起こす問題の複雑さのギャップ。この乖離は、この定義の前後のプロセスから発生しています。

空気＝ある種の前提とした場合、特定の集団内でこの空気（前提）がごく自然に、抵抗なく受け入れられる場合には、問題はあまり起こりません。

ところが、誰かが顔をしかめるような前提ならばどうでしょうか。

空気を浸透させようと狙う側は、そのようなとき、徹底的な弾圧を始めます。

書籍『不死身の特攻兵』（鴻上尚史・著）は、陸軍の名パイロットだった佐々木友次氏が、神風特攻隊として指名されながら、何度も生きて帰ってきた史実を解説しています。佐々木氏は、パイロットの使命は「何度でも出撃して敵艦を沈めること」[*8]だとして、体当たりをせずに、技術と精神をふりしぼって爆弾を投下しては帰還しました。

しかし、特攻隊は体当たりで自爆する、という空気（前提）に従わない佐々木氏に軍部は激怒。上官たちは罵詈雑言を佐々木氏に投げつけ、精神的に追い詰めようとします。

「きさま、それほど命が惜しいのか、腰抜けめ！」

（中略）

「馬鹿もん！　それはいいわけにすぎん。死んでこいといったら死んでくるんだ！」

（中略）

「（中略）明日にでも出撃したら、絶対に帰ってくるな。必ず死んでこい！」[*9]

空気に従わない者を徹底弾圧する。戦時中も現代日本もこの点は同じなのです。

日本を覆う「同調圧力」と「空気」の正体

現代日本では、空気を同調圧力と理解する人も少なくありません。

空気を、特定の意見や前提に〝同調しろ〟という強制と考えるのです。

山本氏は、空気を「絶対的な支配力をもつ判断の基準」と表現しました。

言い換えるなら、ある種の前提から外れた思考・発想をするな、という禁止令です。

ただし、すんなりと受け入れられる空気（前提）もあることを考えると、空気と同調圧力は区分すべき構造と考えるのがより自然です。

空気　ある種の前提
同調圧力　その前提に従わない者への嫌がらせ、攻撃、弾圧

ある集団内で支配的な立場にある者が、特定の前提を打ち立てたのち、その前提に従わない者に、嫌がらせを含めた徹底的な攻撃・圧力を加える。

これが「空気」とそれに続く「同調圧力」の正体なのです。

前提に従わない者を徹底的に叩く

ある者が立てた前提（空気）に従わない者を、徹底して弾圧して追い詰めていく。これは、政治集団や利害関係のある企業、あるいはコミュニティーなどの身近な集団でも起こり得ます。学校や職場などの組織でも稀にあり得るかもしれません。

日本は戦時中、戦争反対を唱える者を逮捕して、拷問するなどの行為をしていました。これは「戦争継続」という空気（前提）に異議を唱える者を処罰するためです。このようにして、戦争継続という前提（空気）に大衆を逆らえなくしたのです。

逆に、空気に積極的に従う者にはアメが用意されることもあります。共同体や権力者の描いた前提（空気）に積極的に従う者に、優先的に利益を与える。賄賂が成功すれば、空気（前提）に反対を唱える者は少数派になっていくのです。

なぜ空気が日本の問題解決力を破壊するのか

では、この空気（前提）の悪用は、どんな点が問題なのでしょうか。

空気＝ある種の前提の押し付けによる最大の弊害は、現実の本当の姿を隠すことです。それにより、現実にある別の可能性を大衆や共同体に探求させない〝洗脳〟さえ可能になります。

空気の最大の弊害

意図的な前提を掲げて押し付けることで、都合よく現実の一部を隠蔽する

戦艦大和が特攻しないことで、非難を受けるのは主に海軍の上層部です。敗戦まで虎の子の最強戦艦を温存していた判断の責任は、一兵卒にはないからです。

米軍による拿捕《だほ》を嫌うなら、自軍で撃沈すれば3000人の乗組員は死なずに済みました。空気から自由ならば、「あらゆる可能性」「他の選択」も健全に検討できるのです。

ある種の前提で、思考の方向をコントロールし、都合の悪い発想を禁じてしまう。例えば、企業がリコールの可能性がある不具合に、次のような前提を付けたらどうなるか。

「これは特殊な使い方をした人だけに発生する故障です」

空気により、不都合な現実は隠蔽される

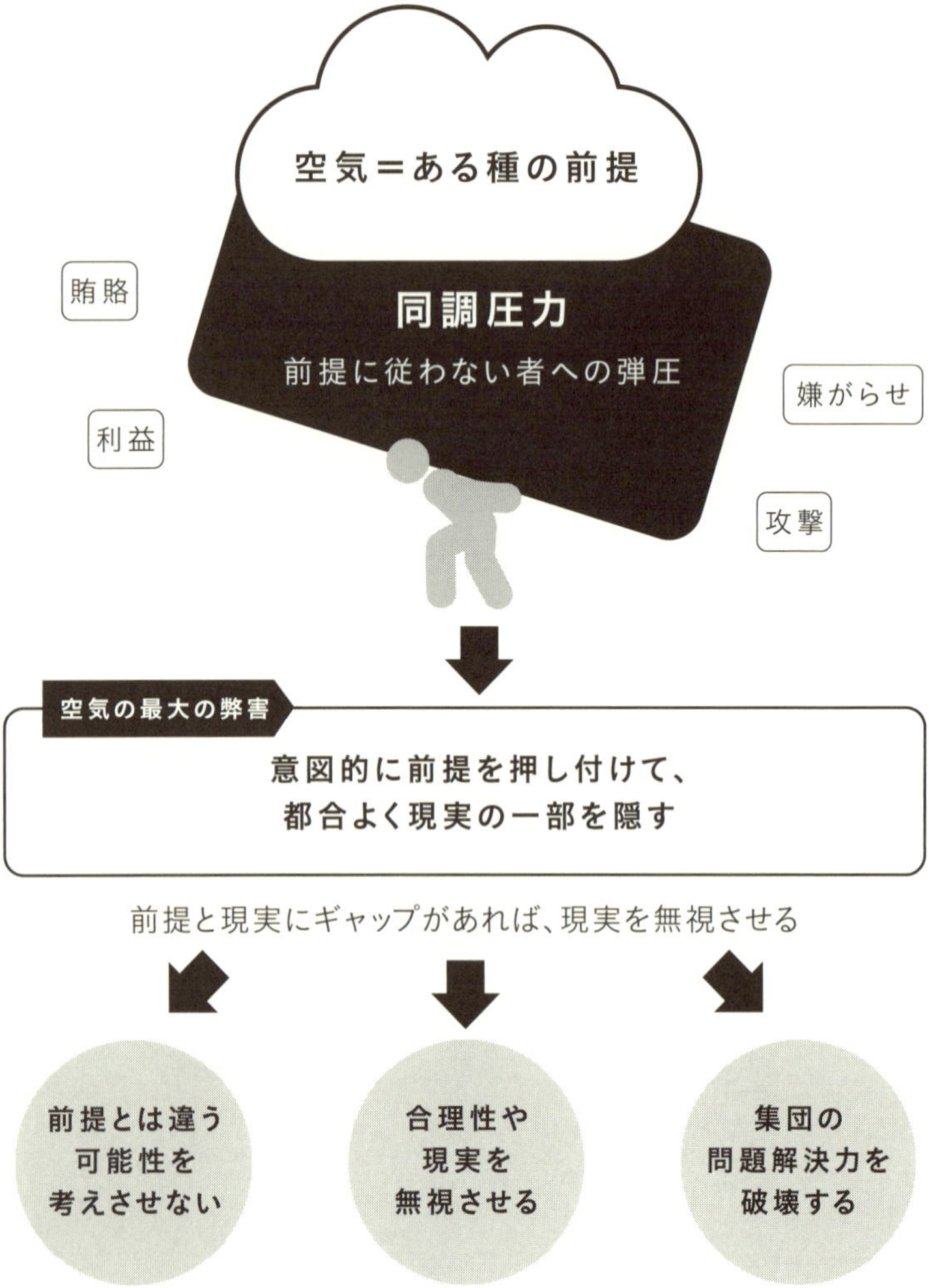

目の前の故障が大規模リコールの前兆である可能性を、企業は検討しなくなります。消費者に前提を浸透させるなら、故障をリコールと疑わせない効果もあるでしょう。言葉の前提で、現実の本当の姿を隠蔽する、前提とは別の可能性を検討させない。これは虚構化への圧力であり、現実の把握を妨げて都合よく誘導するための詐術なのです。

悪意のある「人工的な前提」を見抜け

空気を悪用する目的が、誘導的な前提を掲げて、現実を都合よく隠蔽することなら、空気を打破する基本は、人工的な前提を疑い、隠された現実を表出化させることです。前提を前に現実を無視する集団は、客観的な視点からは狂っているように見えます。

約80年前、国家の破滅と敗北がほぼ間違いないアメリカとの戦争に日本は突入しました。空気という名の前提で、戦争は避けられないという思考を国民全員が押し付けられた結果の、この国の悲劇と考えることができます。

今、日本人は空気と対峙して、その正体を見抜き、打破すべきときを迎えています。

もし私たちが今、空気を打破する方法を明確にしなければ、山本氏が指摘するように「次に日本を滅ぼすのも空気」となってしまうからです。

まとめ

同調圧力とは、空気（前提）に従わない者を弾圧すること。空気の支配は意図的な前提を押し付けて現実の一部を隠すことで、集団の問題解決力を破壊する。前提を優先して現実を無視し続ければ、集団は当然のように狂っていく。

空気の正体

03 議論する前からすでに結論は決まっている

理不尽な「二重基準」が頻発する理由

ニュースや議論では、ダブルスタンダードという言葉が時々出てきます。二重基準などとも呼ばれ、似た状況なのに違う規範が適用されることを意味します。

われわれは常に、論理的判断の基準と、空気的判断の基準という、一種の二重基準《ダブルスタンダード》のもとに生きているわけである。[*10]

山本氏は、自身が経験した戦場でも、日本軍は同じことを繰り返したと指摘します。

「これこれは絶対にしてはならん」と言いつづけ教えつづけたその人が、いざとなると、その「ならん」と言ったことを「やる」と言い、あるいは「やれ」と命じた例を、戦場で、直接に間接に、いくつも体験している。[*11]

山本氏が戦後に理由を問いかけたとき、返ってくる答えはいつも同じでした。

その返事は必ず「あのときの空気では、ああせざるを得なかった」である。[*12]

ダブルスタンダードは今も頻出して、不公平や理不尽の象徴となっています。空気が判断基準をゆがませていることに、山本氏は気付いていたのです。

なぜ、沖縄戦で戦艦大和は特攻したのか？

『「空気」の研究』では、二重基準の事例として戦艦大和の特攻が挙げられています。特攻は、サイパン島が米軍によって陥落したときと、その翌年の沖縄戦で2回検討されました。

1回目のサイパン島への特攻は、成功確率が極端に低いことを理由に却下されました。しかし、2回目の沖縄への特攻では、作戦が成功する可能性はサイパン島より低いにもかかわらず、出撃の議論は加速し続け、結局戦艦大和は出撃したのです。

理屈から言えば、沖縄の場合、サイパンの場合とちがって「無傷で到達できる」という判断、その判断の基礎となりうる客観情勢の変化、それを裏づけるデータがない限り、大和出撃は論理的にはありえない。だがそういう変化はあったとは思えない。[*13]

なぜ、サイパン島への特攻は拒否できたのに、沖縄では拒否できなかったのでしょうか。

「空気」＝ある種の前提

戦艦大和の特攻は、サイパン陥落時には合理性を基準に作戦を否定できました。

しかし沖縄戦のときは、議論の前に「大和は特攻すべき」という強固な前提が、すでに軍内部でき上がっていたと考えると辻褄が合うことになります。

日本の敗戦が「確実」になって出現した前提

では、沖縄戦に伴って出現した前提とは一体なんだったのでしょうか。

サイパン（グアム島）陥落は１９４４年の７月。一方の沖縄戦は、翌１９４５年の３月から開始されています。

二つの戦闘の最大の違いは、沖縄戦のときは「日本の敗戦はもはや確実」だったことです。そのため最強戦艦大和の処遇について、議論が紛糾していました。

無傷で敗戦を迎えると、当然米軍側に拿捕され、無抵抗で撃沈されてしまうからです。

◈戦艦大和の処遇に最適な案がない（しかし米軍に拿捕されるのは避けたい）

◈一億玉砕が叫ばれる時期に、最強戦艦が何もしないでいられない意識

右の不都合な事実を一挙に解消するための案ですから、作戦の成功可能性が計画立案の根本ではありません。この点は極めて重要なポイントです。

敗戦が避けられない当時、大和が戦闘で錦を飾り勝利する場面をつくることはもはや不

可能と結論されたはずです。このような議論を重ねていた海軍上層部は「戦艦大和による沖縄特攻」を不可避とする空気（前提）に包まれていったのです。

作戦決行は成功率とは関係なかった

では一体、戦艦大和の空気による出撃は何が最大の問題なのでしょうか？

最大の問題は、「作戦の成功確率」をいくら議論してもこの空気は消えないことです。なぜなら、「戦艦大和が戦って撃沈される」ことが沖縄特攻の目的だからです。

サイパンへの特攻計画を退けることができた理由は簡単で、日本の敗戦で大和がどうなるかという議論がなかったからです。だからこそ、軍事的な成功確率を基に合理性で却下できました。しかし、不都合な事実を解消するための沖縄特攻では、作戦の勝算は決行の判断とは完全に無関係なテーマとなったのです。

日本的組織の意思決定がダブルスタンダードに陥る秘密が、ここにあります。つまり、沖縄特攻の議論はサイパン特攻と違い、最初から「結論ありき」だったのです。

山本氏は『ある異常体験者の偏見』で、この点に触れています。

大和出撃の動機の一つが「国民に多大の犠牲を強いて造った戦艦を戦わずして敵の手にわたすことは出来ない」ということだったそうである。[*14]

では、沖縄特攻の作戦が否決されたらどうなったか。海軍上層部にとって戦艦大和を巡る不都合な事実は未解消のため、すぐに新たな（別の）特攻作戦が立案されたでしょう。

山本氏が、「空気を打ち消しても、すぐに新たな空気が出現する[*15]」と書いたのは、このような構造があるからなのです。

論破しても、空気をまったく打破できない理由

掲げた目的達成がほぼ不可能なのに、なぜプロジェクトが強行されるのか。

理由は簡単で、表面に目的として掲げられたことの達成が真の動機ではないからです。

この構造は、現代日本の空気が関わる企業プロジェクトや社会問題でも同じです。

表面的に掲げられた目標の達成が、実は単にダミー（偽物）にすぎない。これが空気を巡る議論を混乱させる要因の一つです。

目標（ダミー）の達成ができそうもないのに、高い地位で頭脳明晰なはずの人々がなぜ

日本的組織の意思決定はダブルスタンダード

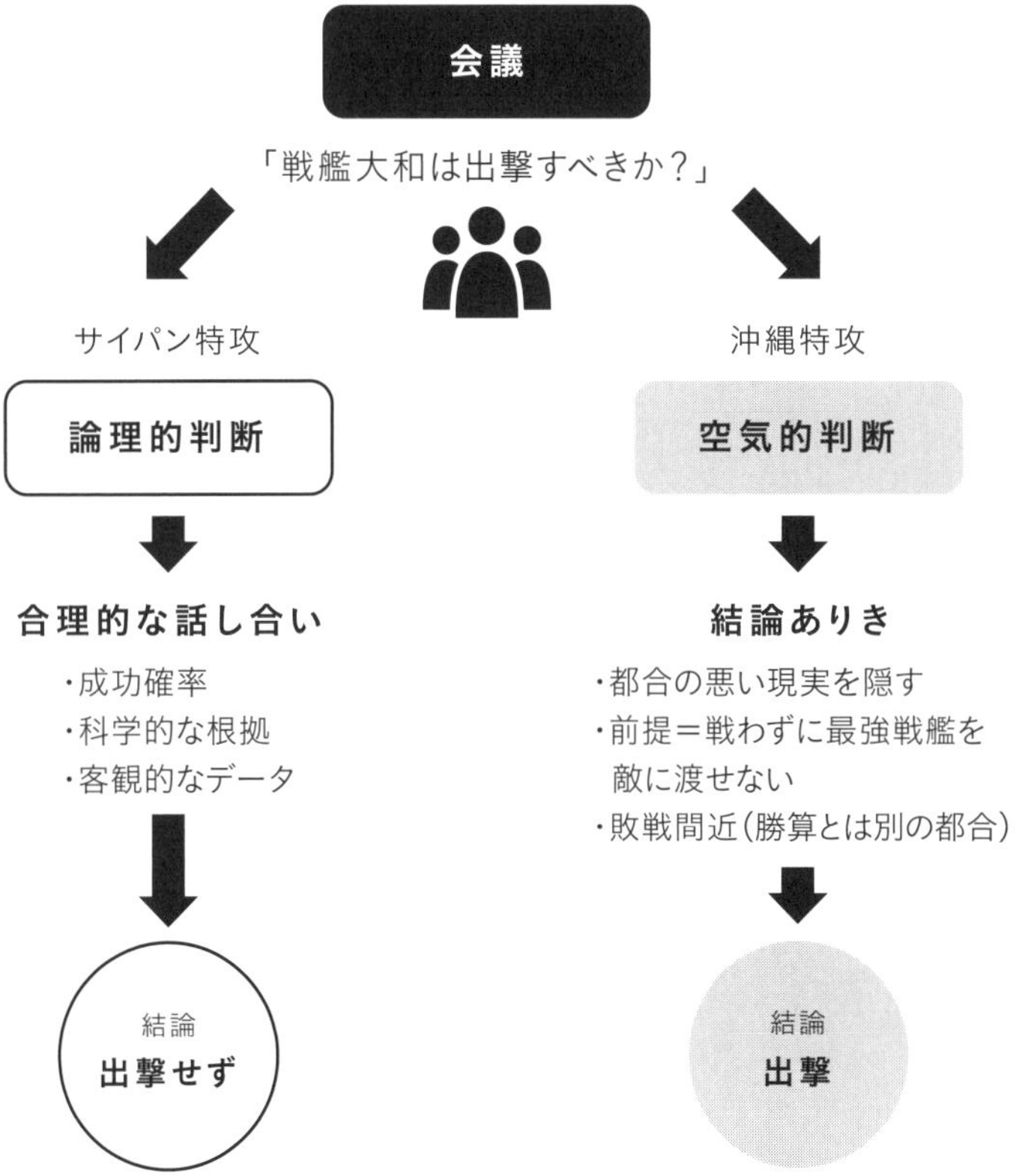

沖縄特攻の成功確率はサイパン特攻より低かったが、「戦わずに敗戦を迎える」ことが上層部にとって最も不都合だったために出撃した
（出撃しないことは、上層部の責任問題となるため）

必死に実施の強行を叫び続けるのか。真の目標がまったく別にあるからです。隠しておきたい前提（空気）を達成するためならば、表面に掲げられたダミー目標の成否は一切関係ないし、もともと関心もないことです。

戦艦大和の出撃への空気が時間の経過で消え、「なぜあのような無謀な作戦を実施したのか」、後世に合理的な説明ができない理由もわかります。沖縄特攻の議論における前提（空気）＝「戦艦大和を巡る不都合な事実」がすでに消失しているからです。

したがって、ダミーの目標である沖縄特攻の合理性や成功確率を敗戦以降に論じても、わけがわからないのは当然なのです。

それ以外に道がないという「誘導」がゆがんだ空気をつくる

議論の前から「隠れた結論ありき」、別の都合で特定の前提がすでに決まっている。この構造こそが、日本の議論にダブルスタンダードが出現する最大の理由です。

……………

「意志決定はすべて空気に委ねる」が、「それが何らかのデータに基づいているように見せる」のが実情であっても不思議ではない。[*16]

自動車の排気ガス規制である日本版マスキー法では、「国民の抵抗感が少ない税収アップの方法」として、新しい環境基準値を守れない自動車をターゲットにすることが、すでに決まった状態から議論が始まっていたのでしょう。

タテマエとしては日本における基準の決定はあくまでも「科学的根拠」によるのであって「空気」によるのではないことになっているから、外国からその科学的根拠を問われると、だれも返答できないことになってしまう。[*17]

山本氏が〝タテマエ〟と書いているのは、実際はＮｏｘと自動車を悪とする議論が、科学とはまったく関係ない別の基準で行われたという意味でしょう。自動車を悪と設定して、増税の空気（前提）を押し切ることが目的だからです。

科学的根拠など当時はなく、税収アップのための新たな基準値だったと仮定すれば、科学的データ以外のあらゆる奇妙な論法を持ち出して、「自動車は悪」という空気（前提）を醸成したのも頷けます。

まとめ

日本のダブルスタンダードは、なんらかの都合で、結論が決められた上で議論されることから生まれる。その場合、論理や議論はただの飾りである。

空気の正体

04 論理的な議論でも空気づくりを加速させる

論理的な議論がいつの間にか空気に支配される謎

山本氏は、日本には「論理的判断」の規準と「空気的判断」の基準という二つの基準があり、それは複雑に絡み合っていると書いています。

……………

二つの基準は、そう截然《せつぜん》と分かれていない。ある種の論理的判断の積み重ねが空気的判断の基準を醸成していくという形で、両者は、一体となっているからである。[*18]

……………

論理的に議論をしていくと、いつの間にか空気が醸成されてしまう不思議。合理的に議論をしていても、なぜか次第に空気が生まれて支配されてしまう。

このように、論理や合理性が「前提」にすり替えられてしまう不思議な現象は、一体なぜ起きるのでしょうか。

あれもダメ、これもダメから「前提」が固まり出す

次の一文を読み替えてみると、その謎が解けてきます。

……………

議論における言葉の交換それ自体が一種の「空気」を醸成していき、最終的にはその「空気」が決断の基準となるという形をとっている場合が多いからである。[*19]

……………

右記の山本氏の文章で「空気＝前提」と置き換えてみましょう。

……………

議論における言葉の交換それ自体が一種の「前提」を醸成していき、最終的にはその「前提」が決断の基準となるという形をとっている場合が多いからである。

……………

会議の最初の段階では、それぞれ自由な意見を出し合って、議論の方向性を決めること

が多いものです。しかしA、B、Cなどの可能性を誰かが発言しても、それはダメ、これも不可能となると、会議の参加者の意見や構想の「前提」が固まり始めます。

積極的な議論、例えばどのような新規事業に投資するかといった話し合いでは、自社の現状や強みなどを基に、成功可能性の高い分野は○○であろう、という前提が形成されます。前提は、合理的な視点で発言された言葉でも組み上がるのです。

ネガティブな問題の議論でも、言葉の交換はある種の前提（空気）を醸成します。「この不祥事は業績が悪い今期には発表できない」「内々に問題を片付ける必要性」などの意見が出て、議論の参加者の前提として醸成されてしまうと、健全で遵法的な対処ができなくなります。

あれもダメ、これもダメという議論により、次第に他の可能性が閉ざされて、特定の方向、特定の結論以外に選ぶ道がないという空気（前提）が醸成されるのです。

自分に有利な前提以外はすべて「ダメ出し」する

合理的な議論から前提（空気）が醸成されるなら、問題ないと思いがちです。

しかし、空気の醸成は先に述べた「現実の一部を隠蔽する」影響を発揮します。

空気の最大の弊害

意図的な前提を掲げて押し付けることで、都合よく現実の一部を隠蔽する

共同体、集団の中で議論されたことで、次第に特定の「前提」が固まっていく。しかしその前提が、特定の人間やグループ（ムラ）にとって有利になっており、必ずしも全体の利益に合致していない場合はどうでしょう。

集団全体にとって、より効果的で恩恵の多い選択肢は、特定のムラが決めた「前提（空気）」によってすべて却下されることになるのです。

その意味で、常に問われるべきは「誰のための前提なのか」という視点です。

都合の悪い選択肢を意図的に否定すれば、特定の者に有利な空気が醸成できます。合理的な議論をしているように見せて、空気で集団を操る者が暗躍する瞬間です。

その前提が全体の利益に結び付くものか、特定の者の利権として機能するのか。

特定の前提からはみ出した議論や提言は、ことごとくダメ出しをして可能性を潰す。結果的に、最初から準備された結論しかないという空気ができるのです。

一つの組織にも利害が異なる立場の人たちがいる

合理的な議論だからいいではないか、という点への反証をもう一つ挙げておきます。

共同体はすべての人が同じ立場であるわけではありません。

経営幹部もいれば技術部もあり、現場の人間もいれば中間管理職もいます。

1986年にアメリカの宇宙船チャレンジャー号が、発射直後に爆発する大事故がありました。乗員7名は全員死亡、スペースシャトル史上最大の事故として今も記録されます。

悲劇的な事故の原因となったOリングという部品の脆弱性は、NASAの下請け会社サイオコール社の技術者などから指摘され、気温の低下などのため当日の発射は避けるべきだと技術陣は進言していました。

しかしサイオコール社の幹部とNASAは、技術者とは違う前提を持っていました。

彼らはチャレンジャー号の発射がたびたび延期されていたことで、経営的な観点から早急の打ち上げ実施に強いプレッシャーを感じていたのです。

空気の最大の弊害

意図的な前提を掲げて押し付けることで、都合よく現実の一部を隠蔽する

打ち上げ延期を、NASAとの信頼関係を傷つける経営問題だとする前提に包まれた同社の経営陣は、チャレンジャー号の打ち上げを推奨するとNASAに告知。大事故の悲劇を生み出したのは、同社の中でムラを形成していた経営幹部でした。彼らはムラ（経営陣）の中での議論から、「早期打ち上げやむなし」という前提（空気）に包まれて、技術陣が主張した安全上のリスクを無視することになったのです。

失敗や不祥事が空気から生まれる理由

特定のグループ、階層は同じ立場を共有しています。

彼らは同じ空気（前提）を持ち、その共通前提の基で、自分たちのグループに都合の悪い現実の一部から目を背けるのです。

戦艦大和が敗戦で拿捕されると、責任論は海軍の大和関係者、それも上層部に集中するでしょう。なぜ、この最強戦艦を活用せずに敗戦を迎えたのかと。海軍上層部だけで議論

すれば、「敗戦前に戦艦大和は戦って散るべし」という前提ができ上がるのも、ある意味で当然なのです。

実際に大和に乗艦しない上層部にとっては、3000人の兵員の生命、沖縄特攻の成功確率がほぼ皆無といった現実は、自分たちの空気の前に無視できることです。一方で、もし上層部が全員大和に乗艦することになれば、空気は一瞬で変わったでしょう。

大和の沖縄特攻は、責任問題に直面する海軍上層部には合理的な判断です。

しかし、それは上層部という絶対に特攻しないムラ人たちの合理性であり、大和の艦長や乗組員たち、確実な死を迎える命令を下された兵士の家族や愛する人たちには極めて不合理で、許しがたい背信行為の決断だったに違いありません。

合理的な議論でも、それは一部のムラにとっての合理性にすぎない場合。その議論から生まれた空気は、共同体の他のムラに属する者にとっては不合理そのものとなります。

つまり、合理的に議論したことで空気が生まれ、問題解決に真の合理性が入り込めなくなる。そして、究極に愚かで悲劇的な決断を、上層部や一部の権力者が平気で行うことになるのです。

のちになぜそのような背信的な決断をしたのか問われると、上層部や権力ある立場の者は、決まってこう答えるでしょう。

「当時の空気では、仕方なかった」

同じ立場の者が集合するムラは、利害も共通、無視したい不都合な現実も共通です。このようなムラが、他のムラのことを一切考えなければ、常識を疑うような不条理な決断と行動が何度も繰り返されるのです。

まとめ

不祥事や悲劇、大失敗が空気を起点に始まる最大の理由は、特定の集団が自分たちの前提に都合の悪い現実を一切無視させて、隠した現実が含むリスクをその他の者たちに知らせないためである。

第2章

なぜ日本人は集団だと狂暴になるのか？

日本的ムラ社会を動かす狂気の情況倫理

05 ムラごとに「善悪の基準」が違う

ムラ社会では、それぞれの善と悪がある

日本はムラ社会だと言われます。

産業や共同体ごとに、ある特定の集団を形成しています。

ムラの特徴は何かと言えば、その共同体が「独自の善悪」を設定していることです。Aというムラ（集団）ではこれが善、これが悪、一方でBというムラではまったく別のものが善、悪とされていることがあります。

政治家の善と国民の善は同じではないかもしれません（正反対のこともあるでしょう）。同様に特定の利権産業団体にとっての善が、市民にとって悪であることもあります。この点を、山本氏は次の言葉で表現しています。

何よりも面白いのはまず「資本の論理」と「市民の論理」という言葉が出て来たことであった。[*1]

右はイタイイタイ病という公害病に関して、山本氏が『「空気」の研究』で述べた一文です。この公害病の議論で、科学上のデータをどう扱うかを観察していたとき、山本氏が気付いたのは、双方が別の論理で公害病を捉えようとする日本社会の姿だったのです。

〝父と子の隠し合い〟で、ムラに不都合な現実を無視する

イタイイタイ病の、もう一つのエピソードも紹介されています。ある取材者が現地で取材をしたとき、現地の人から逆にこう聞き返されたのです。

最初にきかれたことが『あなたは、どちら側に立って取材するのか』と言うことであった。これは簡単にいえば、どの側と〝父と子〟の関係にあるのかということであろう。[*2]

「資本のムラ」にいる人は、企業体にとって不都合なことをすべて無視します。逆に「市民のムラ」にいる人は、市民にとって重要なことしか受け入れないのです。

取材を何度か受ける中で、現地の人たちはこのムラの構造に気付いたのでしょう。

ちなみに、父と子の関係とは、『論語』の「孔子曰く、我が党の直き者は、是に異なり、父は子のために隠し、子は父のために隠す、直きこと其の中にあり」の言葉からきています。「党」とはここでは村を指します。あるムラでは父が羊を盗んだとき、子供は父のために窃盗の事実を隠した、それが（親子の間の）正直さだとしたのです。

特定の産業ムラに属している人間は、社会通念や市民生活ではなく、その産業ムラが正義と信じる利益を善として、その反対を唱える意見や活動を悪と規定します。

ムラそれぞれの独自の善悪の規定は、ムラの空気（ある前提）とも言えます。ムラの善悪にそぐわない現実は、「父と子の隠し合い」で、無視してムラを守るのです。

日本には「共通の正義」は存在しない

このようなムラでは、ムラの善悪を決める人物とそれに従う村民の関係になり、山本氏が指摘した「一君万民」の世界となります。

ムラには独自の善悪基準（前提）があり、別の表現をすれば、ムラごとに「独自の物の見方」を持っていることになります。この物の見方が「情況」だと考えると、どのムラに所属しているかで、善悪の規定が変わる「情況倫理」にならざるを得ません。

情況　特定の物の見方

情況倫理　物の見方に影響を受ける倫理

「一君万民・情況倫理」の世界は、集団倫理の世界である。この世界は結局、いくつかの集団に分裂し、その集団の間には、相互の信頼関係は成り立ち得なくなる。[*3]

日本のムラ社会では、どの集団に、どんな形で所属しているかによって、倫理基準が変わってしまうのです（もちろん自分の倫理を保って流されない個人も存在します）。

では、ムラ社会の日本に欠けているものとは何でしょうか？

異なるムラを横断的に貫くことができる、「共通の社会正義」です。

ムラを横断的に貫く共通の社会正義が日本に確立されると、ムラごとの主張が衝突したときに、どちらのムラの主張がより正しいかをその社会正義から判定できます。

ムラごとに変わる倫理観

あるムラに支配的な「情況＝物の見方」があると、
それに感染して、そのムラに住む個人の倫理観が変わってしまう。

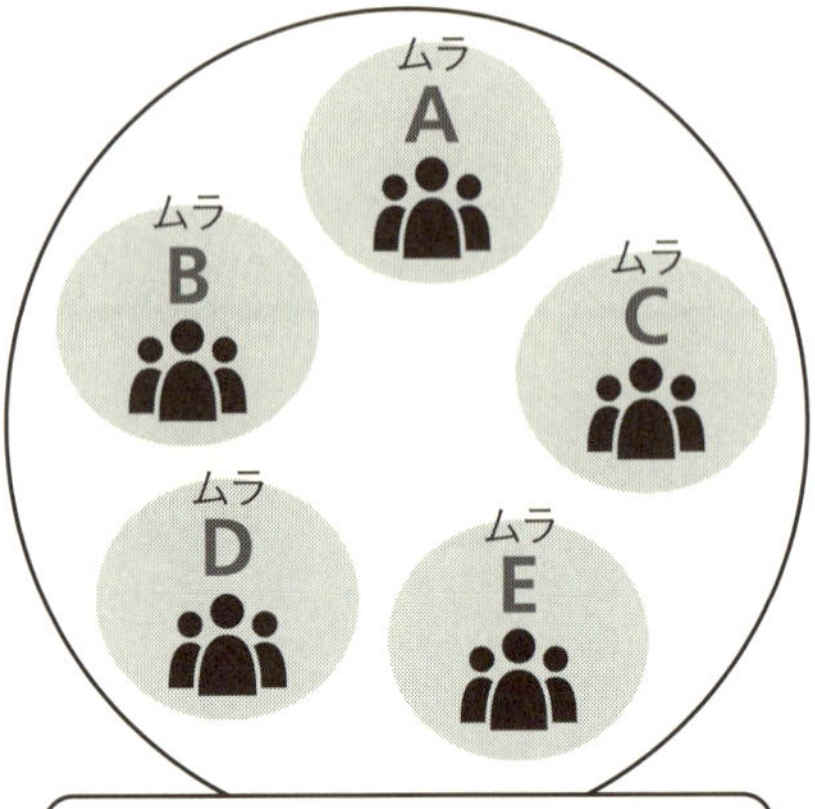

- ・ムラごとに「善悪の基準」が違う
- ・ムラごとに「物の見方」がある
- ・ムラ同士の信頼関係は一切ない

「共通の正義」はなく、どのムラの「物の見方」を
選ぶかが求められる。

父と子の隠し合い

ムラにとって重要なことしか受け入れず、
ムラの善悪にそぐわない不都合な現実は無視する

ところが、日本社会はこの共通の社会正義を持たず、別の形でこの複数のムラの問題を解決してきたと、山本氏は指摘しています。

それが「一君万民」の支配体制を横に広げていく世界です。

日本で忖度が生まれやすい理由

山本氏の「一君万民」と類似の指摘をしている書籍があります。

天谷直弘氏の『叡智国家論』です。

天谷氏は、1970～80年代に、日米貿易協議などで活躍した日本の官僚で、歴史研究家の一面を持ち、複数の著作を残しています。

天谷氏は、歴史上日本では、二つの勢力が衝突した際に、勝った側が正義であるという結果主義とは別に、もう一つの方式を採用してきたと指摘します。

義と不義とを分かつもう一つの簡便な方法は、「お墨付き方式」である。交戦当事者よりも高い次元の存在者を認め、その「お告げ」によって、どちらの側に正義が存在するかを決める。*4

学校なら、生徒同士の衝突では、どちらが正しいかは先生が決めるイメージです。会社であれば、社長のお墨付きがあるほうが、正義というわけです。平家と源氏の戦いなどでも、武士は争って天皇のお墨付きを求めました。これは幕末、１８００年代の日本の内戦でも同様です。

> 彼らが院宣のたぐいを欲しがったのは、それをもらった側に義があるという共通の意識が、当時の日本社会に存在していたからであろう。[*5]

正義をよそに、まずは当事者よりも高い次元の存在からの「お墨付き」をもらうことに執心する。このような社会慣習は、忖度などの行動を日本社会に誘発しやすいのです。ムラごとに個別の善悪の基準（倫理）があり、その優劣基準を取り決めているのが「影響のより強い一君」であれば、争ってお墨付きをもらおうとすることも頷けます。山本氏はこの点について少し難しい言葉で次のように触れています。

> 情況倫理の集約を支点的に固定倫理の基準として求め、それを権威としそれに従うことを、一つの規範とせざるを得ない。[*6]

情況倫理、つまり異なる「物の見方」を持つムラ同士が張り合う場合、どちらが正しいかを決めるため、それぞれの物の見方から超越した象徴をつくり、象徴としての権威からのお墨付きを得た側が、正義だとしてきたのです。

ムラ社会では生きるために空気を読む

日本では集団や組織、利権団体などが別々のムラを形成しており、集団ごとに倫理基準が違います。異なるムラの善悪が対立するとき、横断的な社会正義を追求するのではなく、より広い影響力を持つ一君に「お墨付き」をもらい問題を解決してきたのです。

「空気を読む」を置き換える

- 会社の空気を読む＝会社の前提を理解する
- クラスの空気を読む＝クラスの前提を理解する
- 地域社会の空気を読む＝地域社会の前提を理解する
- メディアの空気を読む＝メディアの前提を理解する

例えば、業績改善のための会議が開かれたとします。

しかし、あらゆる会議の空気は個別に違います。

挑戦的な新規事業に失敗したことで、業績が傾いたことに苦しんでいる会社ならば、「無謀な新規事業は絶対やらない！」という前提がその会議にあるのです。

そういう空気（前提）がある場で、業績回復に別の新規事業を提案するのは愚かでしょうし、「こいつ空気が読めてないな」となるでしょう。

この場合の空気を理解した提案は、効率化とコスト削減や、顧客のロイヤリティを高めること、既存顧客の深耕などでしょう。「新規事業で失敗した」という会社の前提（空気）に従っており、その前提に合わせた提案が受け入れられる確率が高いからです。

空気（前提）が共同体ごとに存在し、他の共同体と共通の社会正義、あるいは倫理基準は確立されていない。ある種の共通基準を満たすより、立場が高い人のお墨付きを得るほうが得をする。このような社会や組織では、忖度のような行為が流行してしまうのです。

まとめ

ムラ社会と言われる日本では、ムラごとに独自の善悪の基準を持つ。ムラに都合の悪い現実は、〝父と子の隠し合い〟で、ムラ人全員に無視させる。この構造が多くの欺瞞とゆがみを生み出す。

空気の正体

06 すべてのいじめは「お墨付き」を得て始まる

お笑い芸人は何を読んでいるのか？

空気を読むとは、その共同体の「ある種の前提」を理解することです。

それは、会議などの堅苦しい場所だけの話ではありません。

鴻上尚史氏の書籍『「空気」と「世間」』では、テレビ番組でお笑い芸人の方々が、番組を面白くするために、がんばって空気を読んで盛り上げる姿を指摘しています。

逆に番組とズレていると、「空気を読め！」と若手芸人は突っ込まれるのです。

中堅の芸人さんではなく、時には、彼ら大物の芸人さんが自ら「空気を読め！」と突っ込むこともあります。[*7]

鴻上氏の同書には、本書の定義と同じような指摘がされています。

　つまり、そういう番組の司会者は、何を求め、何を笑い、何を嫌《きら》っているか明確だということです。個性と指向がはっきりしているのです。[*8]

……………

番組を仕切る大物芸人（明石家さんまやビートたけしなど）の人たちは、際立つ個性とともに、出演者に何を求めるかが明確です。若手芸人の方々は、この番組内で「何がウケて、何がウケないか」という笑いの前提を理解しようとしているのです。

いじめは必ずクラスの前提を読んでから始まる

お笑いのテレビ番組で、場を盛り上げようと空気を読むことに問題はありません。
しかし、別の場面で空気を読むと、おぞましい「いじめ事件」になったりします。
いじめで「空気」はどんな役割を持つのでしょうか。ほとんどの加害生徒側は、いじめを始める際に「クラスの空気をさぐる」つまり、「クラスの前提をさぐる」行動をしています。

いじめの発端は、加害側の生徒が被害者となる生徒を軽く小突く、言葉で一方的に貶《おとし》めるなどの行為から始まります。そのとき、誰からも反論がなく、先生にも怒られなかったとき、加害側の生徒は「ここまでは大丈夫」というクラスの〝小さな前提〟を一つ確かめたことになるのです。

いじめに関する著作を複数持つ、社会学者の内藤朝雄氏の『いじめの構造』には、加害者側の生徒が、クラスの空気を読む様子をほうふつとさせる描写があります。

加害少年たちは、危険を感じたときはすばやく手を引く。そのあっけなさは、被害者側も意外に思うほどである。損失が予期される場合には、より安全な対象をあらたに見つけだし、そちらにくら替えする。[*9]

加害側の生徒は、ずる賢くも「いじめに対するクラスの前提」を読もうとしています。小さな実験を繰り返し、反撃を受ける・受けない境界線（クラスの前提）を探るのです。最初のいじめで、担任の教師が「そのような行為は絶対に許さない！」という断固たる態度と反応で臨むとき、そのクラスの空気（前提）を知ってなりを潜めます。

「自分が損をするかもしれない」と予期すると迅速に行動をとめて様子を見る。そして「石橋をたたき」ながら、少しずついじめを再開していく（中略）。ほとんどすべてのいじめは、安全確認済みで行われている。[*10]

担任の先生が初期のいじめを放置すると、このクラスは「いじめが許容されている」、と生徒全体が感じます。クラスの前提（空気）で倫理の基準が変わってしまうという意味では、教室の一君である先生から〝いじめがお墨付きを得てしまった〟とも言えます。

空気に支配された狂気の倫理基準

山本氏は『「空気」の研究』で、戦犯の行動、リンチなどの特殊な状況下で「倫理観が狂った」者たちが〝あの情況下では仕方なかった〟と述べる現象を「情況倫理」として説明しています。そして、日本社会の空気が最終的には、情況倫理に結び付いてしまうのだと指摘しました。

この構造は、まさに日本の教育現場の「いじめの現実」に如実に現れています。

『いじめの構造』には、加害生徒が、被害者の子供の苦しみを微塵も感じていないそぶりと、被害生徒の自殺のあとも、反省や憐憫の情をまるで持たない様子が描かれています。

二〇〇六年一〇月一一日、福岡県筑前《ちくぜん》町立三輪《みわ》中学校二年の男子生徒Ａ君が、「いじめられてもう生きていけない」などと遺書を残し、自宅の倉庫で首つり自殺した。
学校では、一年時の担任Ｘ教諭を含め、多くの生徒が辱《はずかし》めや加害行為に関わっていた。[*11]

この事件では、生徒のいじめに先生も参加してしまったことが指摘されています。共同体の前提をつくるのがうまい加害生徒がいることで、「被害者をいじめることでクラスが楽しむ」という狂気の前提を誘導的につくられてしまったのでしょう。

加害者たちは、Ａ君の自殺を知らされた後でも、「死んでせいせいした」「別にあいつがおらんでも、何も変わらんもんね」「おれ、のろわれるかもしれん」などとふざけて話していた。[*12]

まともな良識を備えている大人から見ると、加害生徒たちの倫理観は、狂気と呼びたくなるようなおぞましいものです。しかし、次の条件が揃うと、日本の共同体・組織では倫理の崩壊が進行してしまうのです。

日本の集団が情況倫理に陥るとき

①共同体の前提（空気）が管理されず、その集団が隔離されて存在しているとき
②一君として空気（前提）を管理する者から、お墨付きを得たと感じられたとき
③異なる共同体を貫き共有されるべき、社会正義が確立されていないとき

集団で共有された空気（前提）が狂うと、空気によって倫理基準も変化してしまう。集団内の空気（前提）に完全に支配され、一人の生徒をいじめる行為に教師を含めた生徒が多数参加して、それを異常と思わない狂気が出現してしまうのです。

なぜ日本ではネットの集団攻撃が生まれやすいのか？

この倫理は簡単にいえば「あの情況ではああするのが正しいが、この情況ではこうするのが正しい」「（中略）当時の情況ではああせざるを得なかった。従って非難さる

べきは、ああせざるを得ない情況をつくり出した者だ」といった種類の一連の倫理観とその基準である。[*13]

お笑いのテレビ番組内で、独自の倫理観を形成するのであれば実害はありません。

しかし、それが日本の社会の多様なムラで形成されているとすればどうでしょうか。そのムラでは、独自の空気と独自の倫理基準を持ち、空気に流された人たちは（大人も子供も）、外から見ると信じられない善悪の基準で行動してしまう。

学校の教室は、ある意味で外界から隔離された空間であり、空気に影響を受けやすく、悪賢い者がいれば、自分に有利な情況倫理を生み出すことができてしまいます。

もちろん、情況倫理だからいじめは仕方がないというわけではありません。一人の生徒を無残な死に追いやる行為は、絶対に許すわけにはいかないはずです。学校の教室では、先生が空気を正しく支配する役割を放棄したら終わりです。「これをやっても叱られない」「あれをやっても問題ない」、悪意ある生徒がそのように解釈を始めると、クラスの空気（前提）はとたんに悪化の一途をたどります。

さらに「あの生徒をいじめても問題は起きない」「先生からも叱られない」とわかると、ある種のお墨付きを得た形になり、特定の被害生徒へのいじめがより気安いものになってしまう。それにより、いじめに加担する生徒が増える可能性も高まります。

これは、ネットリンチも類似の構造を持っています。

数名の非難する者が集まり、それが抵抗を受けずに非難を続けると「この対象は攻撃してもいい相手」だと、お墨付きを得たように感じてしまうのです。

そうなると、一般的な倫理ではなく、集団の倫理に早変わりしてしまい、「非難してもいい相手」に無責任な憎悪が集中してしまうのです。

いじめで生徒が自殺した場合でも、何らかの救済や正しい裁きが行われるのかと言えば、必ずしもそうとは限りません。ムラの原理から、「いじめはなかった」「学校はいじめに気付くことができなかった」など、〝父と子の隠し合い〟をすることで、ムラを守る行為が行われるからです。学校に限らず、これは日本のあらゆるムラに共通することです。

空気は、私たち日本人の社会に蔓延しています。

共同体にある種の前提をつくることで、倫理基準を何者かが捻じ曲げ、支配する。

「空気」の問題を放置している限り、悲劇は繰り返し起こり、防止できません。

いたずらに時間が過ぎ去り、「空気が原因」とされて何も解決されないのです。

まとめ

共同体が、ある前提（空気）に支配されると、そこから生み出される物の見方（＝情況）に人々は拘束されてしまう。その結果、個人の物の見方も、時に狂った集団倫理に染められる。

空気の正体

07

集団の「物の見方」に感染し、倫理基準を乗っ取られる

情況に左右されない西欧の固定倫理とは

日本社会の情況倫理との対比として、山本氏は西欧の固定倫理も紹介しています。

メートル法のように、規範を非人間的な基準においてこれを絶対に動かさない場合は、その規範で平等に各人を律すればよい。この場合の不正は、人間がこの規範をまげることとである。[*14]

固定倫理をイメージするために、次のような解説もされています。

餓死寸前に一片のパンを盗もうと、飽食の余興に一片のパンを盗もうと、「盗み」は「盗み」として同じように処罰される。[*15]

しかし日本社会の情況倫理では、「餓死寸前で一片のパンを盗む行為は、同情の余地がある」という〝物の見方〟がある場合、罪は軽くなります。逆に、「裕福な者が余興のために一片のパンを盗むのはけしからん」と見るならば、罪は重くなるのです。

日本の犯罪報道を聞くと、殺意があったか否かが罪の計量に影響を与えることがわかります。被害者の悲惨な結果はまったく同じであるにもかかわらずです。情況倫理が働く日本社会では、集団の物の見方で行為への評価が違ってしまうのです。

情況に流された人間は、有罪か無罪か？

情況倫理について、山本氏の定義を再び振り返ってみます。

「あの情況ではああするのが正しいが、この情況ではこうするのが正しい」（中略）、当時の情況ではああせざるを得なかった。従って非難さるべきは、ああせざるを得な

い情況をつくり出した者だ[*13]

これは、「特定の物の見方」に支配された集団に放り込まれたことで、自分も倫理の基準を変えざるを得なかったのだ、という釈明、言い訳と捉えることができます。

山本氏は、これを一種の自己無謬性、責任が自分にはないという主張だとしています。

情況の創出には自己もまた参加したのだという最小限の意識さえ完全に欠如している状態なのである（中略）、この考え方をする者は、同じ情況に置かれても、それへの対応は個人個人でみな違う、その違いは、各個人の自らの意志に基づく決断であることを、絶対に認めようとせず[*16]

なぜ情況が生まれたことに、全員が加担したと言えるのでしょうか。

共同体の物の見方の形成は、参加者たちがその考え方を放置して、反論や批判をしなかったことが原因の一端だからです。誰かの言葉にあなたが反対せず、別の視点を投じなかったことが、集団の情況（物の見方）の支配を加速させたのです。

さらに言えば、集団の情況にのみ込まれるかどうかは人によって異なり、当然、共同体の物の見方に流されない人もいます。集団の情況にのみ込まれるか否かは、実は100%個人の決断であり、悪いほうに倫理基準を変えた自己の責任を情況のせいにしているだけなのです。

いじめの加害者がたった1本の献花を恐れる理由

先に『いじめの構造』から、実際に自殺をした生徒のクラスの様子を紹介しました。加害者の生徒たちは、亡くなったA君がいなくても何も変わらないと強弁しました。しかし、あるクラスメートがA君の机に花を飾ろうとしたとき、加害者の生徒たちは反応します。

ある生徒は、教室でA君の机に花を飾ろうとしたクラスメートを「おまえは関係ないやん」と追い返した。[*17]

A君を自殺に追いやったいじめの加害生徒たちは、なぜ1本の献花を嫌がったのでしょうか。A君の机に花が置かれることで、A君が二度と戻らないこと、重大な犯罪が行われてしまったこと、A君が亡くなった悲しみがクラスに広がるからです。

情況　特定の物の見方

情況倫理　物の見方に影響を受ける倫理

献花でA君が亡くなったことが意識され、クラスが悲しみに包まれると、生徒たちの「物の見方」が変化します。すると、加害生徒の犯罪の重大さが認識されるのです。

加害者たちは、A君の自殺を知らされた後でも、「死んでせいせいした」「別にあいつがおらんでも、何も変わらんもんね」「おれ、のろわれるかもしれん」などとふざけて話していた。[*12]

クラスの情況（物の見方）が変われば、過去の空気は一瞬で崩壊します。
右の言葉は、加害者がクラスの〝情況〟の変化を恐れていることを暗示しています。
同時に加害生徒たちの驚くほどの狡猾さ、ずる賢さも示唆していると言えるでしょう。

では「空気」と「情況」はどう違うのか？

これまでの議論では、「空気」と「情況」の区分を明確にしてきませんでした。
ここで両者の違いをはっきりさせるために、『「空気」の研究』の文面を見てみます。

（当時の情況ではああせざるを得なかったという言葉に対して）
この論理は、「当時の空気では……」「あの時代の空気も知らずに……」と同じ論理だが、言っている内容はその逆で、当時の実情すなわち、対応すべき現実のことである。[*18]

空気の拘束でなく、客観的情況乃至は、客観的情況と称する状態の拘束である。[*19]

山本氏の文章から、本書では空気と情況を次のように定義します。

空気　ある種の前提

情況　前提を起点にして形成された、集団の物の見方

ほとんど似た意味に思われる方もいるかもしれません。

二つの最大の違いは、「空気」は公にできない秘密の前提であることが多いことです。戦艦大和の沖縄特攻では、大和が戦わずに敗戦を迎えることは許されない、という海軍上層部の〝前提〟が起点となっています。

しかし「戦って撃沈されること」が特攻の目的であるなど、大和の艦長や乗組員、兵士の家族や関係者の前では口が裂けても言えません。

したがって、空気（前提）から発生した情況「大和の特攻は不可避である」だけが外に出てきて、集団の中で連呼されて次第に支配的な考え方にさせられるのです。

……… 〝空気〟そのものの、論理的正当化は不可能である。[*20]

これは当たり前でしょう。

大きな共同体の中で、ごく特定のムラだけに都合のいい前提など、公表できるわけがありません。特定のムラと共同体全体で、大きく乖離している前提を正当化しようとすれば、全体側から激烈な怒りが生まれるからです。

だからこそ、空気は隠蔽され、物の見方（情況）だけが外に出てくるのです。

日本人は「情況倫理」に支配されやすい

●情況とは？
「空気＝前提」を起点にして形成された、集団の物の見方

●情況倫理とは？
情況によって善悪の基準が変わる倫理

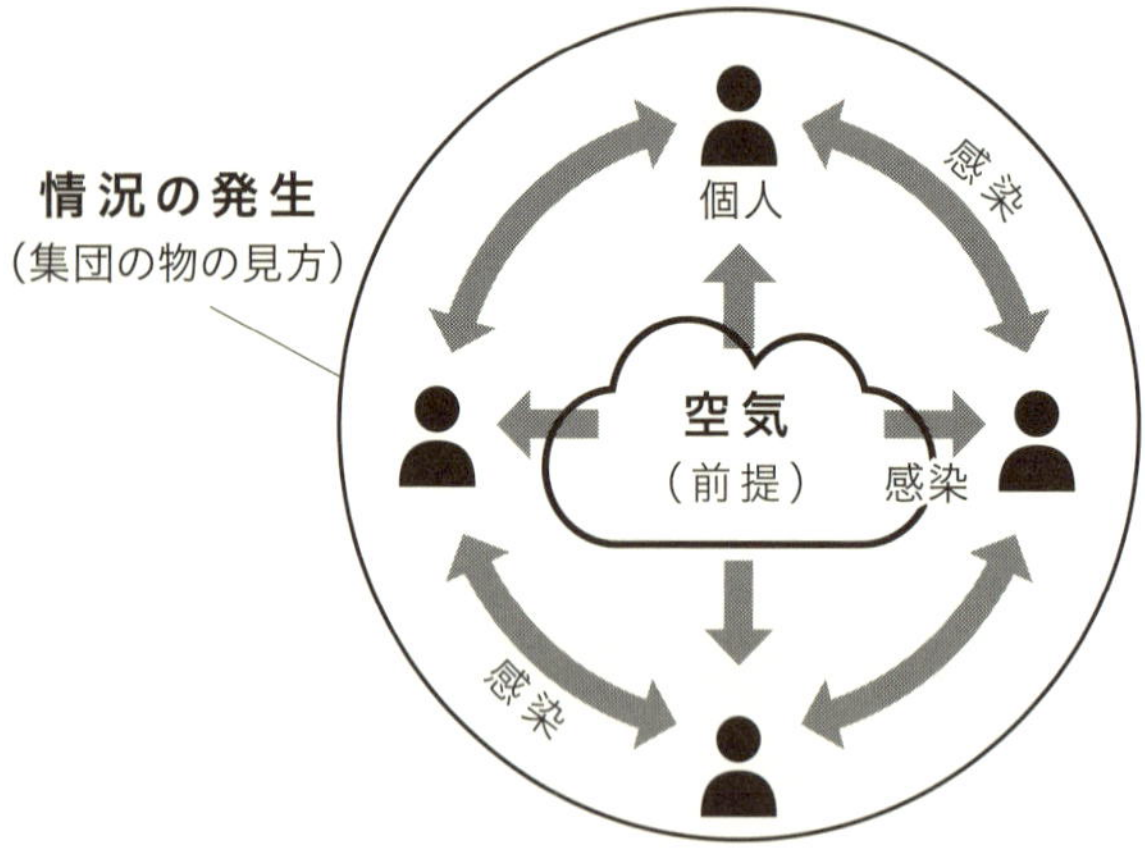

情況の特徴

1. 情況は参加者全員でつくり出している
（積極参加していなくても、反論・批判をしないことで情況創出に加担）
2. 集団の支配者は情況を変える要因を排除しようとする
3. 個人の倫理基準は、集団の物の見方に乗っ取られる
4. 情況は空気のように隠蔽されず、
対応すべき圧力として、個々人に迫ってくる

山本氏は情況を、「当時の実情すなわち、対応すべき現実のことである」と述べていますが、情況は「大和の特攻は不可避である」など、会議の席などで支配的な意見として続々と表面に出てきます。情況は空気のように隠蔽されず、対応すべき現実、圧力として目の前に迫ってくるのです。

「自分の見方」はやがて乗っ取られる

『いじめの構造』には、空気と情況倫理に酷似する指摘があります。

学校の集団生活によって生徒にされた人たちは、①自分たちが群れて付和雷同することによってできあがる、集合的な場の情報（場の空気！）によって、内的モードが別のタイプに切り替わる。[*21]

……………………

「友だち」の群れの場の情報が個をとびこえて内部にはいり、内的モードが変化した。「何かそれ、うつっちゃうんですよ」という発言は、群れに「寄生され」て内的モードが変化させられる曖昧《あいまい》な感覚をあらわしている。[*22]

……………………

これは山本氏が描写した情況倫理とほぼ同じです。

生徒たちは閉じられた共同体で、ある種の前提を共有していき、次第にその前提から発生する「物の見方」に染まっていくのです。

すると「集団がどのような考え方をしているか」で、生徒たちの倫理基準も変わってしまう。自分で倫理基準を保つ訓練をしていないと、集団の情況（物の見方）に感染してしまい、自己の倫理基準を乗っ取られてしまう。

『いじめの構造』で指摘された生徒の姿は、日本社会の情況倫理の学校版なのです。

まとめ

集団が特定の物の見方（情況）に支配されるとき、従う者は、自分も集団の情況づくりに参加している。情況は圧力として迫ってくるため、集団の物の見方に感染しやすい個人は、倫理観を保てず情況にのまれてしまう。

第3章

なぜ日本人は感染しやすいのか？

日本人を思考停止に追いやる3つの要因

08

空気は「感情」と結び付くと拘束力を増す

ただの前提が、なぜ日本人を拘束する巨大な力となるのか

空気の最大の弊害は、意図的な前提で不都合な現実を隠してしまう点でした。
この空気（前提）による悪影響は、主に二つ挙げることができます。

①誘導的な前提で、現実の本当の姿を隠蔽する
②前提とは別の可能性を検討させせない

しかし、単なる前提がなぜ大きな社会問題を引き起こすほどの巨大な力となるのか。
山本氏が、空気の拘束力を説明するために使用した3つのキーワードがあります。

①「臨在感（臨在感的把握）」
②「感情移入」
③「絶対化」

第3章ではこれらのキーワードを順に解説していきます。3つのキーワードを理解すると、山本氏の描写した空気の支配構造が、より簡単にイメージできるからです。

キーワード① 「臨在感」――なぜ新聞記者はカドミウムを見てのけぞったのか

『「空気」の研究』で、理解を妨げる言葉の一つに「臨在感」があります。

臨在感とは、物質などの背後に何か特別なものを感じることです。

イタイイタイ病（公害病）がカドミウムという物質と関係ないことを研究した人物が、山本氏と会談したときのこと。その人物が新聞記者に囲まれて取材を受けた場面は、臨在感という言葉を理解する上で象徴的なシーンです。

……

（研究者の発言）「（中略）『カドミウムとはどんなものだ』と申しますので、『これだ』といって金属棒を握って差し出しますと、ワッといってのけぞって逃げ出す始末(中略)。私はナメて見せましたよ。無知と言いますか、何といいますか……」(山本氏)「アハハハ……そりゃ面白い、だがそれは無知じゃない。典型的な臨在感的把握だ、それが空気だな」[*1]

なぜ新聞記者たちは、カドミウム棒を見てのけぞって逃げ出したのでしょうか。富山県で発生したイタイイタイ病は、患者たちが痛みで泣き叫ぶためこの名前がつきました。この公害病の悲惨さを、記者たちは取材で何度も見ていたのです。

イタイイタイ病発生以前に、カドミウム金属棒を見て記者がのけぞることも、逃げ出すことも、またそれに対して金属棒をナメて見せる必要も、絶対にありえないであろう。[*2]

記者たちは患者の悲劇をいくつも目撃して、工場排水中のカドミウムと病気の発生を、「恐れという感情」で結び付けていました。この体験が臨在感を生み出したのです。

臨在感は「因果関係の推察」が生み出す

山本氏のイタイイタイ病に関する記述から、本書では臨在感を次のように定義します。

臨在感　因果関係の推察が、恐れや救済などの感情と結び付いたもの

臨在感的把握　ある対象と何らかの感情を結び付けて理解すること

強調すべきは、臨在感の起点が「人が因果関係を自然に推察すること」にある点です。

過去、日本でも風土病として、ある川や沼に入ると、病気になったり死亡することがありました。目に見えないサイズの寄生虫や病原虫が生息していたことが原因ですが、因果関係の詳細がわからなくても、「たたり」として村人が恐れることがあったのです。

プラスの臨在感は、神社寺院に行くと、日本人はすぐに感じることができます。参拝という行為が、「良いことが起こるのでは」という期待を私たちに与えます。参拝が、良いことが起こる予測（嬉しい感情）と因果関係の推察として結び付いているのです。

このように、臨在感は人が因果関係を推察する習性を起点に生まれているのです。

臨在感と臨在感的把握とは

イタイイタイ病の患者の悲惨さを取材していた記者は
カドミウム棒を見て逃げ出した

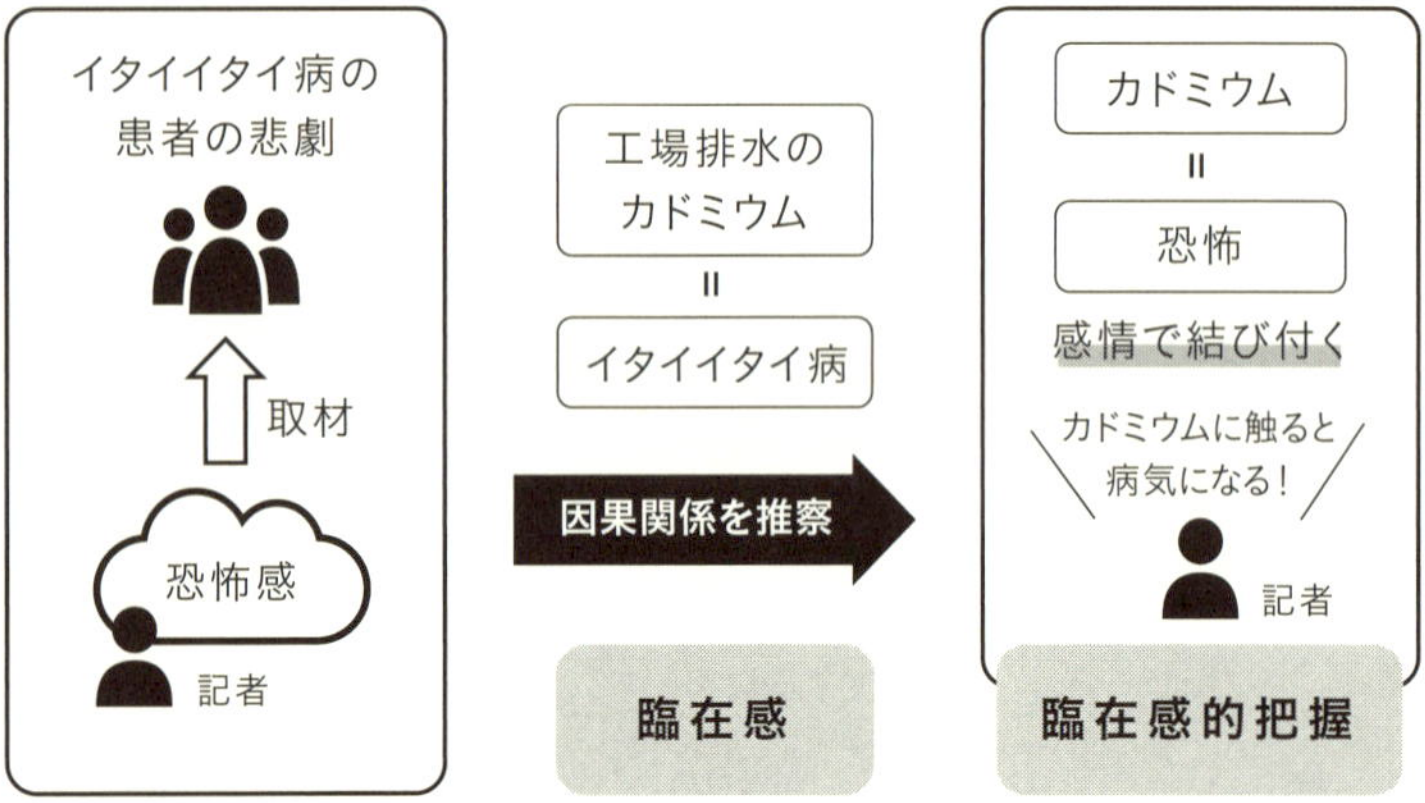

多くの日本人は神社にお参りに行くと、
何か良いことが起きると感じる

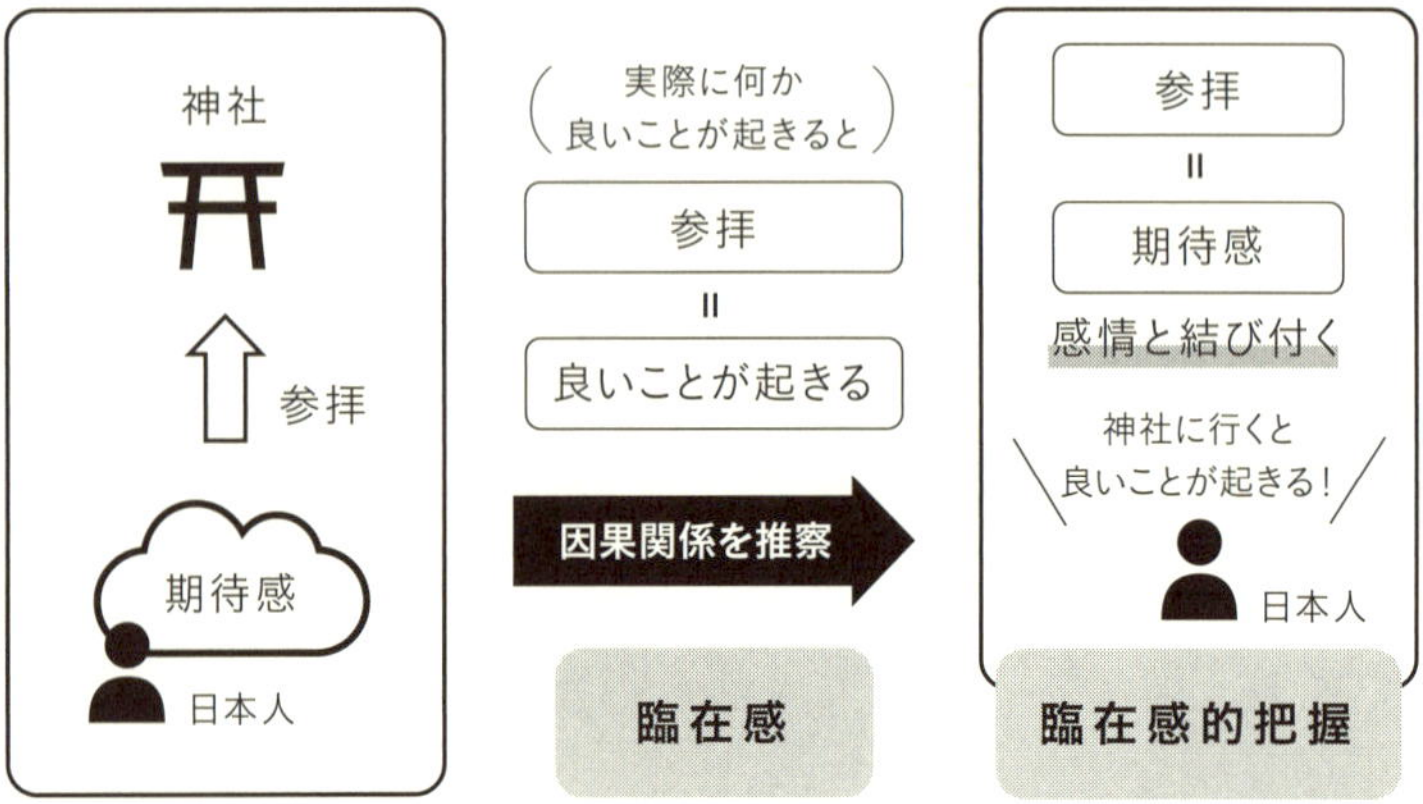

臨在感を笑った福澤諭吉の過ち

物質から何らかの心理的・宗教的影響をうける、言いかえれば物質の背後に何かが臨在していると感じ、知らず知らずのうちにその何かの影響を受けるという状態、この状態の指摘とそれへの抵抗は、『福翁自伝』にもでてくる。[*3]

『福翁自伝』とは、幕末・明治初期の啓蒙思想家である福澤諭吉の自伝です。ここで、『福翁自伝』から、該当する箇所を一部抜き出してみましょう。

諭吉が12、13歳の頃。諭吉の兄(三之助)が、何やら紙を床に並べているところを諭吉少年がどたばたと通ったとき。兄が「これ待て!」と弟を強く咎《とが》めました。

何事かと諭吉少年が聞けば、兄は(父が仕える)殿さまである奥平さまの名前が書いてある紙をお前が踏みつけたのだ、と指摘します。兄の三之助は「お名を足で踏むとはどういう心得である」と、弟を厳しく叱ります。

「殿様の頭でも踏んだわけでもないだろう。名前の書いてある紙を踏んだからって構うことはなさそうなものだ」とたいへん不平で（中略）、神様のお名前のあるお札を踏んだらどうだろうと思って、人の見てない所でお札を踏んでみたところが何ともない。[*4]

さらに、諭吉少年は近所のお稲荷様の社に入っていた石を、秘かに他の石に替え、隣家の屋敷にあった稲荷様の御神体（木の札）も捨て、何が起こるか観察しました。ところが何も起こりません。彼は、自分が石を入れ替えたお稲荷様に、お祭りのときにみんながのぼりを立て、お神酒《みき》をささげるのを見て次のように思いました。

馬鹿め。おれの入れて置いた石に御神酒を上げて拝んでいるとは面白い[*5]

山本氏は『福翁自伝』を前提知識として、だからこそ福澤をはじめとした、明治の啓蒙思想家は間違っていたと指摘しています。これは何を意味しているのでしょう。

諭吉少年が間違えた、臨在感の本当の発生源とは

諭吉少年の一連の洞察の中に、どんな間違いがあったのでしょう。

最大の問題点（一つ目の間違い）は、諭吉少年が臨在感を「ただの気の迷い」と考えたことです。臨在感そのものを否定して、発生理由を一切探求しなかったのです。

二つ目の重大な間違いは、臨在感はモノ（この場合はお稲荷様の御神体である石）が生み出していると考えたことです。だからこそ、御神体の石を、別の石に置き替えたのに、村人が祭りを行い、祈りをささげるのを可笑しく思ったのでした。

しかし、本当に間違っていたのは実は諭吉少年でした。

この場合の臨在感は、物質からではなく、祈る人の心から生まれていたからです。

お稲荷様を祭り、祈る人たちには、石のすり替えは本質的に関係ありません。彼らの祈り、心にある悩みの対極としての救済への希望の投影が、臨在感の根源的な発生源だからです。つまり臨在感は、悩みや願いを持つ人々の心が起点なのです。

御神体の木の札や石は、あくまでも脇役としての舞台装置にすぎなかったのです。

先の殿さまの名前が書かれた紙片の話では、諭吉少年にはただの紙でも、兄の三之助は

自らが仕える殿さまの名前が書かれた紙に、臨在感を持っていました。その意味で、諭吉少年は（紙片を通じて）兄三之助の気持ちを踏んでしまったのです。

空気は臨在感と結び付いて、より強く人を拘束する

山本氏は、研究者がカドミウム棒をなめた現場に、日本人記者団だけでなく、科学的知識以外は持たない、外国人記者たちも同席したらどうなったかと書いています。

……………………

日本人記者団はのけぞって逃げ出した。何でもありませんと言って某氏はペロリと金属棒をナメた。この状態は、そこに同席した外国人記者団にとって、全く理解できない状態であろう。[*6]

臨在感が、物体から発生しているなら、日本人記者団だけが恐怖を感じるのはおかしいはずです。しかし実際には、臨在感は人の心から発生しているのですから、カドミウムと感情的な結び付きのない外国人記者が、きょとんとするのは当然です。

空気＝前提は、感情と結び付けられることで人を強く拘束し始めるのです。

山本氏は「物神化」、つまり単なるモノが神に変身してしまう現象は、この臨在感を起点としていると指摘します。

カドミウム金属棒を御神体とする「カドミ神社」の存立は可能である、というよりむしろ、ある「場」にはすでに存立したのであり、昭和の福沢諭吉は、それが御神体ではありえないことを証明するため、ナメてみせたわけである。[*7]

単なる前提である空気が、抵抗できない強力な拘束力に変貌する第一歩。それは対象と、人の心の中の恐れや崇拝の感情を結び付けることで生まれる、臨在感にあるのです。

まとめ

臨在感とは、人が因果関係を推察することで生まれる感情であり、その感情を対象と結び付けることで、物や人が恐怖や崇拝の対象となる現象を生み出す。

09

感情の刷り込みで「善悪」を自由に操れる

臨在感は、気の迷いであることも、正しい推察の場合もある

本書では、「臨在感」を、因果関係の推察が生む感情と定義しました。

臨在感 因果関係の推察が、恐れや救済などの感情と結び付いたもの

臨在感的把握 ある対象と何らかの感情を結び付けて理解すること

臨在感は、ある種の結果に対する原因を探ろうとする人間の本能です。しかし、この臨在感の問題点は、物理的な因果関係がある場合でも、ない場合でも発生することです。

その臨在感には物理的な因果関係があるか？

◆因果関係が物理的に存在する臨在感 カドミウム棒、たたりの川
◆精神的な因果関係だけの臨在感 福澤諭吉の実験やお稲荷さんの御神体

山本氏に会った研究者は、カドミウム棒をなめてみせ、記者たちの慌て様に苦笑しました。

しかし、一度だけだから健康の被害がなかっただけで、毎日カドミウム棒をなめ続ければ、この人物も骨の軟化が進行し、軽いケガで骨折、やがて全身の痛みでイタイイタイと泣き叫ぶことになったはずです。

現代と違い、当時はカドミウムの有害性を科学的に証明できていませんでした。研究者は、新聞記者が持った臨在感を「精神的な因果関係だけのもの」と勘違いしていました。しかし新聞記者の因果関係の推察（臨在感）は、物理的に正しかったのです。

病原虫のいる川のたたりは、単なる気の迷いではない

一方で、諭吉少年も逆の勘違いをしていました。

当初、臨在感にはすべて物理的な因果関係があると考えていたのです。

そのため、お稲荷様の石をすり替えて罰が当たるか待ってみたり、すり替えた石に（臨在感がなくなったと思い）祈りをささげる村人を笑ったりしました。

研究者が、カドミウム棒を毎日なめなかったことは幸運でしたし、若き諭吉少年の臨在感への挑戦が「たたりの川」を渡ることでなかったのも幸運でした。カドミウム棒を毎日なめたらイタイイタイ病となり、病原虫のいる川を渡れば恐らく病気になったはずです。

人間は知能を持つがゆえに、因果関係の推察を日常のあらゆる場面で行っています。ところが、その推察は常に正しいとは限りませんし、臨在感の物理的・精神的なケースの違いなど、臨在感を判定する発想もこれまでの日本人は持ちませんでした。

したがって、物理的な原因がある臨在感を、単なる気の迷いと嘲笑することもあれば、精神的な要素だけの臨在感に対して、あたかも物理的な因果関係があるかのように錯覚して影響を受けてしまうこともあるのです。

「イワシの頭」にさえ日本人は支配されてしまう

山本氏は、『「空気」の研究』で〝イワシの頭も信心〟ということわざを紹介しています。

「イワシの頭も信心から」とは、一旦信じたら（本当は無意味でも）どんなものでもありがたく思えてしまう、ということを意味します。

なぜ、イワシの頭も信心になるのかは、実は臨在感の構造で説明が可能です。

イワシの頭を床の間に飾り、早朝から熱心に祈りをささげて一日を始めたとします。このルールを課した者が、もしその日偶然に何か良いことに巡り合えばどうなるでしょうか。「この幸運はイワシの頭に祈ったからではないか？」という、因果関係の推察を人間はごく自然に行ってしまうのです。

これが何度か続くと、最初は疑問を持っていた因果関係の推察＝イワシの頭へ祈ることと自分の幸運が、固定的な因果関係だと信じ込み始めるのです。

では、幸運ではなく、悪いことが起こった場合はどうなるのでしょうか。

恐らく「今日はイワシの頭に祈る熱心さが足りなかったのだ」となるでしょう。

しかし、実際にイワシの頭に毎朝祈ることで、次々と幸運が訪れるのでしょうか。

現実的に考えるなら、「イワシの頭に毎朝祈ること」で、本人が良いことが起きる期待感を高め、日々の生活で「より熱心に幸運を探す」ことが、幸福感の増加に結び付いている構造だと言えます（幸運・不運が以前とまったく同じでも、本人の意識する方向が変わった）。

開運グッズ、お守りなど、プラスの臨在感を提供する物が心理的な効果を持つのは、この臨在感の仕組みが背後にあるからでしょう（悪用の場合は霊感商法になる）。

機敏さと盲動の二面性を持つ日本人の謎

山本氏は、『「空気」の研究』の第3章で、次のように述べています。

> 日本人は「情況を臨在感的に把握し、それによってその情況に逆に支配されることによって動き、これが起る以前にその情況の到来を論理的体系的に論証してもそれでは動かないが、瞬間的に情況に対応できる点では天才的」[*8]

すべてを論理で説明しようとすると、因果関係が解明されるまで時間がかかります。

西欧では感情と論理を切り離して判断する文化を長く育成してきたことで、臨在感を感じても、論理がそれを説明できない限り、人や社会全体が動きません。

そのため、感情に結び付けて出来事を理解して動く日本人が、時に先回りできるほど、一部の変化に対して西欧諸国の反応は遅いのです。
逆に物理的な因果関係のない、精神的な臨在感でも日本人は同じように動きます。
合理性で動く西欧諸国は、そのような日本人の反応を冷笑するでしょう。その場合は、完全な盲動、迷信主義や過剰な精神論などになってしまうのです。

なぜ日本の政治は、政策論争と関係ないことの応酬になるのか

日本の政治議論で象徴的なのは、政策論争に特化せず、都合の悪い議論が立ち上がると、政治とは一切関係ない私生活の疑惑やスキャンダルが取り上げられて拡散し、政策論争ができなくなってしまうことです。

論争の際でも相手の言葉の内容を批評せずに、相手に対するある種の描写の積み重ねで、何らかの印象を読者すなわち第三者に与え、その印象に相手を対応させることによって、その論争に決着をつけてしまおうとする。*9

家庭で問題を抱えている、男女間のスキャンダルなど、大衆が眉をひそめる話題を掘り

起こしてマスコミで大々的に報道する。すると、重要な政治議論においてその人物が極めて正しいことを主張していても「○○をしているような人は悪い人」「家庭に問題があるのは、信用できない人」という因果関係の推察を簡単に誘発させてしまい、結局正しい政策論争は進展せず、論敵側は都合の悪い議論を葬ることができます。

これは感情による因果関係の推察（○○に問題のある人は、他の分野でも信用できない）が、意図的に誘導されることで、日本人が簡単に操られる典型例なのです。

臨在感の呪縛から逃れるには「歴史を学ぶこと」

イタイイタイ病は、山本氏が『「空気」の研究』を書いた当時は、カドミウムと公害病の関連を科学的には証明できていませんでした。しかし新聞記者や現地の一部の人たちのように、早くからイタイイタイ病の原因をカドミウムだと「臨在感的に」気付き、早々に移住して難を免れた人たちもいたのです。

山本氏は、次のように述べています。

……

臨在感は当然の歴史的所産であり、その存在はその存在なりに意義を持つが、それ

は常に歴史観的把握で再把握しないと絶対化される。そして絶対化されると、自分が逆に対象に支配されてしまう[*10]

対象と特定の感情の結び付けは、さまざまな事実や体験、大衆誘導でも行われます。しかしそれは「歴史観的把握」つまり、過去の歴史を広く知った上で捉えないと、結び付けられた目の前の感情による前提に、人間が支配されてしまうのです。

イタイイタイ病は当初、原因がわからず「精神的な要素」だと指摘されたこともありました。しかし、現代では物理的因果関係があることが明白になっています。

歴史を知り、過去の臨在感の結果を学ぶことが、呪縛を破壊する助けとなるのです。

最強の大衆扇動術は「臨在感」を操ること

ところで、臨在感はなぜ空気と関連しているのでしょうか。

臨在感は、対象と何らかの感情を結び付けて理解することでした。

その感情は大抵の場合、恐怖や嫌悪感、もしくは憧れや尊敬です。

すると「臨在感＝善悪の感情」となり、対象が善か悪かという「前提」として機能してしまうのです。感情的に理解させることは、前提（空気）の刷り込みそのものなのです。

報道を通じてそれを臨在感的に把握させられたすべてのものを拘束してしまって、相対化によって対象から自由になり、それで「問題」を解決する能力を、全員に喪失させてしまうのである。[*11]

『「空気」の研究』で、臨在感が非常に大きく扱われている理由はその機能にあります。臨在感的な把握をさせることは、「感情的な前提」として対象の善悪を刷り込み、逆の要素の検討（つまり相対化）をさせない最高の大衆扇動術なのです。

日本人が臨在感を定義せず、探究もしなかった結果、臨在感を意図的に操作されると、先の政治議論のように「正しいはずのものを」簡単に悪だと誘導されてしまいます。

ほぼ関係ない一部の情報を拡散させることで、「〇〇がひどければ他でも信頼できない」という、間違った因果関係の推察を誘導されてしまうからです。

臨在感を誘発させることが巧みな者のウソに、今も日本人は簡単に騙されています。日本人は、数多くの歴史を学び、臨在感の呪縛を打破する視点を身に付けるべきときを迎えているのです。

まとめ

臨在感は、物理的な因果関係があるときも、ないときも生まれる。それにより、時に論理よりも早くリスクを発見できる。しかし、感情と結び付けて、前提の刷り込みが行われるため、大衆扇動術としても日々利用されている。

10 日本人の親切は自分の正しさを押し付けること

キーワード② 「感情移入」——自分の感情と現実の区別がつかない

感情移入という言葉について、山本氏は次のように述べています。

> イタイイタイ病を取材してその悲惨な病状を目撃した記者は、その金属棒へ一種の感情移入を行ない、それによって、何かが臨在すると感じただけである。[*12]

研究者と記者の違いは、記者が患者の悲惨さを取材して、心の中に恐れの感情を持っていたことです。その結果、自分の恐れの感情＝現実と考えて、カドミウム棒に感情移入（自己の精神の投影）をした結果、何かが臨在していると感じたのです。

本書では、感情移入を次のように定義します。

感情移入　自分の心や感情が、すなわち現実だと感じること

臨在感は、因果関係の推察が恐れや救済などの感情と結び付いたものと本書では定義しました。しかし因果関係の推察そのものは、人の心の中だけの出来事です。物に何かが臨在すると感じるには、心の中の感情が、すなわち現実であるという感じ方、心を外部に投影して気付かない、感情移入というプロセスが必要になるのです。

思考と現実が、どこかでつながっているという感覚

精神分析の専門家である岸田秀氏は、山本氏との対話をまとめた書籍『日本人と「日本病」について』で次のように述べています。

> 精神分析でも、「思考の全能」と名づけていましてね、幼児は思考の全能で、言えば実現するという思考形式を持っている。つまり、言語と現実が切り離されてないいん

……

ですね。[*13]

言霊信仰、精神主義などと言葉を換えても表現できますが、精神内部と現実が、なぜか明治維新以降の日本人の中では混然となったまま今に至っています。やや情緒的な表現をするならば、日本は「祈りが通じると考えている」社会だと言えるかもしれません。

この「感情＝現実」という感覚、感情移入の構造を逆に捉えると、人の心の中を規制すれば、現実を変化させることもできるという考え方につながります。

これは、空気による人々、社会全体の拘束・弾圧にも通じる発想でしょう。

日本人の親切とは「自分の想い」を押し付けること

感情移入の〝絶対化〟は、自分の想いが現実そのものだと固く信じ込ませます。

『「空気」の研究』の第1章では、飼っているヒヨコにお湯を飲ませてすべて殺してしまった老人の話が紹介されています。「寒いときにお湯を飲むと温まって体にいい」という人間側の命題を、違う生き物のヒヨコに当てはめたことで起こった悲劇です。

……………

「君、笑ってはいけない、日本人の親切とはこういうものだ」[*14]

（引用元である塚本虎二氏の随想、『日本人の親切』にある言葉）

感情移入を絶対化して外部に押し付ければ、相手に悪をなし、時に殺すことにさえなります。自分が正しいと信じることが、相手にとっては間違っている場合があるからです。寒い日に温かいお湯を飲むと体に良いのは人間であり、ヒヨコのような小動物には逆に間違いだと明確に線引きする。感情と現実の健全な区分けが必要なのです。

……………

ヒヨコにお湯をのまし、保育器に懐炉を入れるのは完全な感情移入であり、対者と自己との、または第三者との区別がなくなった状態だからである。[*15]

……………

自分が正しいと思うことが相手にも正しいと信じ、相手を自分と同一視する感覚。

「感情移入の絶対化」とは、自分の心と外部（現実）を区別できない状態なのです。なお、「絶対化」という言葉も重要ですが、後ほどキーワード③で詳述します。

日本軍にもあった「感情移入の絶対化」問題

山本氏は書籍『日本はなぜ敗れるのか』で、自らの思い込みをなぜか変えない日本軍の姿を描いています。太平洋戦争で各地に進出した日本軍はどう考えていたのでしょうか。

緒戦当時の日本軍の行き方は、一種異様といえる点があり、「自分は東亜解放の盟主だから、相手は双手をあげて自分を歓迎してくれて、あらゆる便宜をはかり、全面的に協力してくれるにきまっている」と思い込んでいる一面があった。[*16]

しかし現実は、フィリピンで反米だった民族が日本軍の進出で反日に変わり、抗日ゲリラとして山岳地帯で増殖を続け、日本軍が大打撃を受ける最大要因になりました。しかし日本軍は、自分たちが解放者で歓迎されるはずと思い込み続けたのです。

では、現地に、何かそう思い込ます要素があったのであろうか。奇妙なことにそれが皆無であった。[*17]

日本軍と日本人は、アジア進出時に解放者として相手が迎えてくれるようなこと、どんな条件が実現されたら、その命題が通用するかを考えず、ただ押し付けたのです。

自分たちの正しさを盲信して、現実を把握して条件を整えようとはしませんでした。

山本氏の『一下級将校の見た帝国陸軍』では、軍票を乱発して物資を現地人から徴発し、それを現金に換えないなど、現地人から憎まれる当たり前の理由を自ら生み出していたことを述べています。

山本氏は「フィリピンの国民に、何を必要としているか聞くべきだった[18]」と指摘しています。感情移入の絶対化で、日本軍は現実の反証を受け止めることができなかったのです。

なぜ日本人は「やりがい」を求めるのか?

自分が正しいと思うことを相手に投影し、相手にとっても正しいと盲信する。

自分と相手の区別がつかない親切は、おせっかいや押し付けにもなります。

これは、日本人が相手に「やりがい」や「やる気」を求めがちなこととも関係しています。「やりがい」が大切だとするのは、自分の心の状態が、すなわち仕事の充実度そのものだと考えるからでしょう。仕事ができる人は常にやる気に満ち溢れているという前提があり、そう見えない人には、結果よりも「やる気を見せろ」と叱咤するのです。

日本人は、心の中の状態と、自分の外にある現実を切り離す感覚が希薄なのです。

結果として、日本の職場では成果よりも「やる気を見せる」ことが重視されてしまいます。やる気が見えない者は、成果を出していても非難の対象になってしまうのです。

感情移入の絶対化、日常化とは、私たちの感情や心の中が、外部の現実に何らかの影響を与えている感覚です。日本人は、精神と外部の現実がつながっていると考えて、自分が正しいと感じることが、相手にとっても正しいと思いがちなのです。

「精神的」と「物理的」の二つの対策を行う

臨在感には、精神的な感覚だけの場合と、物理的な因果関係がある場合があります。

ところが、臨在感を正確に分析することを今まで怠ってきたことで、日本人は精神的な問題の解決と、物理的な問題の解決を混同する傾向が強いのです。

例えば、職場の人間関係に悩む人に、心のケアを与えることは重要ですが、単に所属部署を変えるだけで、悩みそのものが一瞬で消えてしまうこともあるはずです。

イタイイタイ病では、心のケアではなく「移住」「カドミウムに汚染された食材を食べ

「感情移入」の構造

●感情移入とは？

自分の心や感情が、すなわち現実だと感じること

※現在は関係が証明されている

感情		現実（イメージ）
[イタイイタイ病を取材する記者] **カドミウム＝恐怖**	＝ まったく同じだと思ってしまう	カドミウムに触る＝イタイイタイ病になる ➡ **実際は無関係**（※）
[とある老人] **寒いときにお湯を飲むと、温まって体に良い**		ヒヨコがお湯を飲むと元気になる ➡ **実際は死亡**
[太平洋戦争時の旧日本軍] **日本は東亜解放の盟主**		アジア各国は全面協力する ➡ **実際は抗日ゲリラで苦しむ**
[精神論的な発想の人] **やりがい＝仕事の充実**		やる気のある人＝仕事のできる人 ➡ **成果や生産性を無視**

感情移入の弊害

自分の心の中＝現実と感じてしまうため、心理的に、自分と相手の区別がつかなくなる。その結果、自分の正しさを相手に押し付けることになる

ない」という、物理的な対策を早期に取れば、被害者の数は大幅に減ったはずです。

アメリカの複数の優良企業は、一つの事業部の人数を150名以内に留めています。コミュニケーションの問題が、所属人数という物理的な対応で軽減できるからです。

物理的な因果関係のある問題に、「気持ちの問題だよ」という間違ったアプローチだけを続ける者は、時に問題解決を妨げる「最大の悪」となる危険性があります。なぜなら、気持ちの問題という断定が、解決につながる物理的な選択肢を見えなくするからです。精神的な問題だという前提が空気となり、物理的な解決策の模索を妨げるのです。

精神的な問題か、物理的な問題かの判断能力は、問題解決力そのものなのです。

日本人がリスク管理で抱える致命的な欠点

日本人の、感情移入という精神性はリスク管理で致命的な弱点となることがあります。自然災害や何らかの社会的問題が発生して、さまざまな情報が飛び交うとき、日本では「不安をあおるな」という指摘が登場することがあります。

リスク情報を大衆に知らせると、パニックを起こすのではないかという考え方で、あえて情報を隠蔽して一切教えず、結果として2次被害、3次被害と拡大させてしまう。

例えば、企業内で大きな問題が発生していながら、その問題に取り組む人員をごく限られた部門に絞り、情報を他の部門には秘密にしておけばどうなるでしょうか。結果として、対策の選択肢は極めて少なくなり、企業破綻を誘発してしまうのです。

心の平静を保つことと、実際の被害を防ぐ物理的な対策を混同しているのです。これは奇妙なパラドックスに思えるかもしれません。なぜなら、リスク情報を教えていないからパニックにならないだけだからです。

しかし、パニックにならないことが、この場合は安全や冷静さを意味していません。リスクを知らず、単に自ら判断する能力を奪われた状態にすぎないからです。

山本氏は『「空気」の研究』の第3章の最後で、「民はこれに依らしむべし、知らしむべからず[*19]」という言葉を紹介しています。しかし、健全な状態とは、リスク情報を正しく開示した上で、その情報を基に、共同体全体が問題解決できる力やリスク回避能力を高めていくことのはずです。

情報を「与えないこと」で管理しようとする日本的な組織管理は、結局のところ破綻の可能性をさらに高めているだけです。そして、失敗の克服よりも、常に隠すことに懸命になってしまうのです。

自らの感情、大衆の感情がどこかで現実とつながるという「感情移入」の感覚。

日本社会はこの感覚を持つことで、人々に情報・リスクを教えない、リスクを常に軽く考えさせようとする、リスク管理における致命的な欠点を抱えています。

太平洋戦争や現代の企業の不祥事、社会問題でも、同種の感覚を基にした「下の者には重要な情報を秘密にしておこう」という対処で、数々の破綻と巨大な失敗を引き起こしてきたのです。

まとめ

感情移入とは、自分が感じていることを「現実そのもの」とみなす感覚。感情移入の感覚が強く残る日本社会では、精神的な安心を優先して「必要な情報さえ隠す」「リスクを過少評価させる」傾向が強く、物理的な破綻を誘発して、被害を劇的に拡大させてしまう。

11 「絶対化」がウソや矛盾を生み出す

キーワード③「絶対化」――例外や不都合な事実を隠す無謬性

『「空気」の研究』には、「絶対化」という日常ではあまり使わない言葉が出てきます。

感情移入はすべての民族にあるが、この把握が成り立つには、感情移入を絶対化して、それを感情移入だと考えない状態にならねばならない。[*20]

……………

その他にも「絶対」がついている言葉が、同書には多数出てきます。

「絶対的拘束」

「宗教的絶対性」

「空気の絶対化」


絶対とは、100%という意味です。例外がない、と理解することもできます。

宗教的絶対性とは、一般的に考えて「条件を問わない絶対性」と解釈できます。

特定の宗教と信者にとって、神の権威に条件はないことが多いからです。

相対的なものを絶対化すると必ずウソが生まれる

絶対化の逆は、「相対化」です。

「相対化」とは100%ではない、という意味です。

例えば「相対的に正しい」とは、Aに比較すれば正しいが、その他のものと比較すると間違っているケースもある、などの意味で使われます。

相対化、相対的とは、ある命題やテーマが正しい条件と、間違っている条件など、正誤に条件があると認識することを意味しているのです。

例えば、彼は頭がいいという場合など、日常の表現のほとんどは実は相対的です。なぜなら、もっと頭のいい人は世界中のどこかにいるはずだからです。

この仕事は大変だ、も同様に相対的な言葉です。もっと過酷な仕事と比較すると、この仕事は楽かもしれないからです。

AはBであるという命題のほとんどは、本来は成立の条件があるはずなのです。しかし、本当は「相対的なもの」であるのに、絶対化する方法が一つあります。その命題の正当化に邪魔なものを、一切無視するか、隠蔽するのです。

「私は頭がいい」という命題を絶対化するには、自分より頭のいい人の存在をすべて無視すれば成り立つでしょう。「私は絶対に正しい」という場合、間違ったケースはすべて無視させるか、都合の悪い情報を隠蔽すれば成り立つことになります。

当たり前ですが、これはウソの世界（虚構）です。そして裸の王様そのものの姿です。

旧日本軍で行われた陰湿な初年兵いじめ

山本氏は『日本教の社会学』で、旧日本軍の初年兵いじめについて書いています。初年兵に便所掃除をさせる。そのあとでこう質問するのです。

（先輩兵）「おまえ、この便器をちゃんと洗ったか」
（初年兵）「はい。ちゃんと洗いました」
（先輩兵）「きれいと思うか」
（初年兵）「はい、きれいと思います」
（先輩兵）「じゃ、なめてみろ」[*21]

なんとも意地の悪い問答に、1年目の兵士は絶句するのだそうです。
皆さんが初年兵の立場だったら、非道な先輩兵にどう反論するでしょうか。

軽率な絶対化がウソや矛盾を生み出す

理不尽なこの問答は、本書で分析してきた空気と関連しています。
「きれいになった」という言葉を、あらゆる場合と考えて絶対化しているからです。
しかし、初年兵は便器を掃除したのであって、食器を洗ったわけではありません。
したがって、相対化の概念からも模範的な反論は次のようになるでしょう。

「絶対化」が含むウソ

「絶対」とは、条件を問わず、100%、例外なく、
いかなる視点からも同じことが言えるということだが、
ほとんどの現実は本来、相対的である

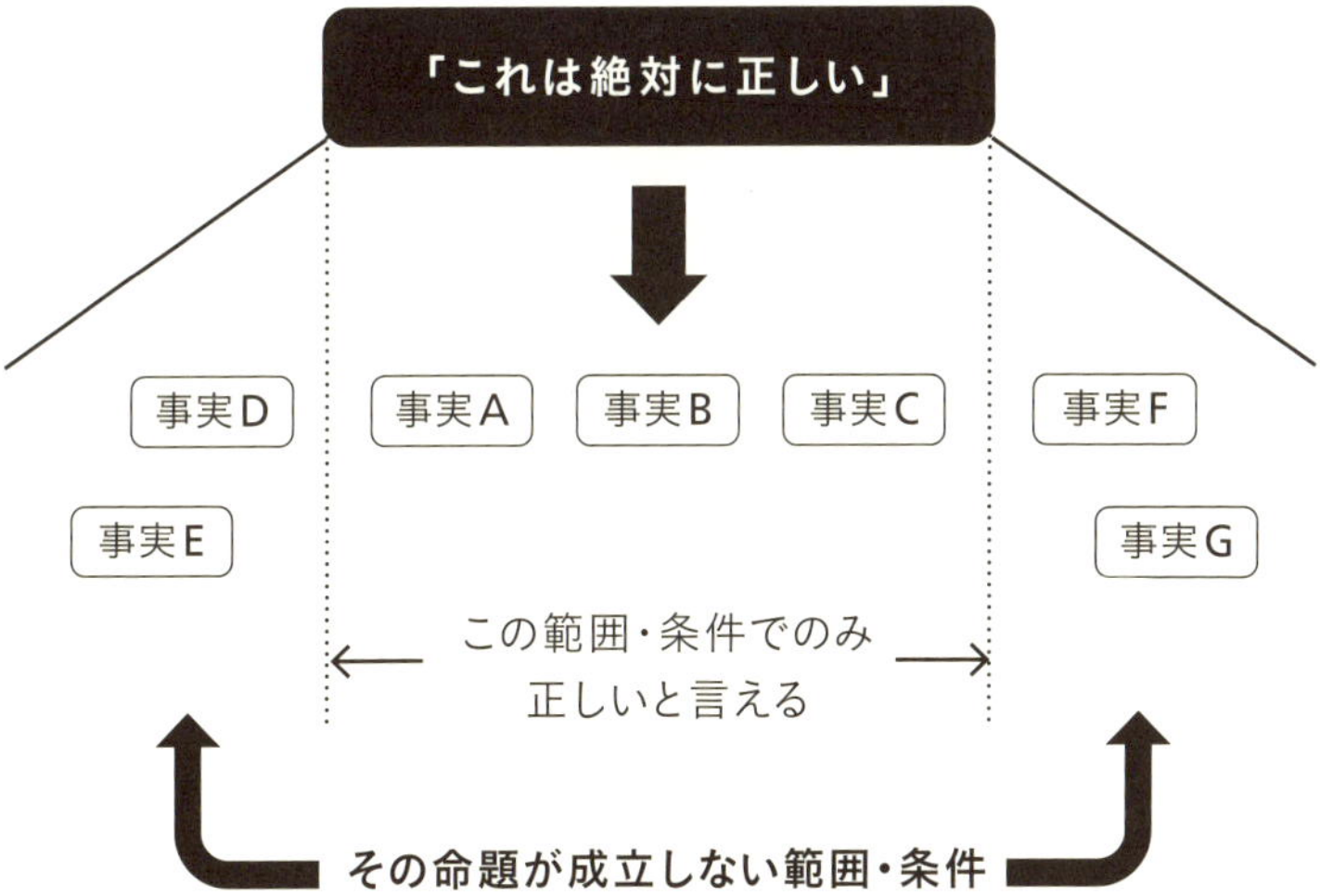

絶対化の弊害

**絶対化するためには、都合の悪い事実は無視するか、
隠蔽する。その結果、「絶対正しい」はずのものに、
必然的にウソが含まれる**

（初年兵）「用を足すには十二分にきれいですが、なめるためにはきれいとは言えません」
「もし隊員が今後これをなめるなら、なめられるまできれいにしますが、いかがしましょうか」

「きれい」という相対的な言葉を絶対化すれば、そこには虚構（ウソ）が生まれます。
できないことをできると断言し、間違ったことを正しいと言ってしまうのです。
世界の現実も言葉も相対的なのに、日本人はすぐに絶対化してしまう。
日本人の思考にある軽率な絶対化が、頻繁に虚構や矛盾を生み出すのです。

絶対化とは、資質や条件を問わせない圧力

江戸時代からの支配体制も、日本の空気の蔓延に関係している可能性があります。
『「空気」の研究』には、君臣の関係について二つの言葉が出てきます。

「君君たらずんば、臣臣たらず」（トップの資質がなければ部下は部下ではない）
「君、君たらずとも臣は臣たれ」[*22]（トップの資質がなくとも部下は部下であれ）

本来、君主が君主であるためには、資質や全体貢献などの条件が不可欠のはずです。しかし、君主の条件を問われないために、神と同じ構造の権威をまとう。これは権威を世襲的に定着させるために、日本社会で行われたことだったと考えられます。

ところが空気（前提）の絶対化を、集団の支配や規律、扇動の他、実際の問題解決に使用し始めると、恐ろしいことが起こり始めます。

実現できる条件をまったく意識せずに、計画を推し進めていくのです。

しかし「前提が間違えば、前提を絶対視した発想・計画・訓練はすべて無駄になる」のは、物理的な問題解決では当たり前のことです。

ところが、前提の盲信と同調圧力で計画の推進力をつくり上げると、成立条件を無視する圧力が生まれるため、実行不可能な計画や訓練、発想がどんどん出てきます。

西欧は、空気をまとうのは神に限定されていますが、日本ではその限定はありません。

「君君たらずんば、臣臣たらず」から、「君、君たらずとも臣は臣たれ」への移行をするとき、日本ではトップの資質を問われない無謬性《むびゅうせい》が利用されました。

権威の絶対化のため、無謬性をまとう。つまり現実を無視することそのものです。

この構造が、単に社会倫理や規律を構築すること以外に飛び火したことが、日本の近代以降の混乱を招いたと考えることができるのです。

まとめ

健康的な食べ物も、過食で害になるように、ほとんどのことには成立に条件が存在する。絶対化はその成立条件を無視させ、どんな場合でもA＝Bとする圧力となる。空気の絶対化を防ぐには、その前提が成立できない条件を明確にするべきである。

第4章

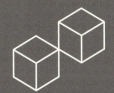

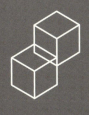

私たちはこうして思考を乗っ取られる

空気の拘束を生む3つの基本構造

12 言葉で「ラベル化」すると簡単にダマされる

「空気による支配」3つの基本構造

山本氏は空気の支配について、3つの代表的なパターンを挙げています。

①「文化的感情」の臨在感的把握による支配
②命題を絶対化する「言語」による支配
③「新しい偶像」による支配

空気支配はこれまで見てきたように、「臨在感」「感情移入」「絶対化」などの心理的効果を背景にして生まれています。

根本的に見ると、空気支配の力は、いずれも人の心から生み出されています。心に芽生える恐怖・救済への希望・依存したい心理などを、人間を拘束して操る物理的な力に変えているのが、空気の支配手法（技術）だと言ってもいいでしょう。

では、空気による支配の3つの基本構造とは何か、順に解説していきましょう。

支配構造① 「文化的感情」の臨在感的把握による支配

一つ目は、人骨などへの感情移入・臨在感によって起こる原始的な空気支配です。

日本人とユダヤ人が共同で、毎日のように人骨を運ぶことになった。それが約一週間ほどつづくと、ユダヤ人の方は何でもないが、従事していた日本人二名の方は少しおかしくなり、本当に病人同様の状態になってしまった。[*1]

……………………

遺跡の発掘現場で人骨が大量に出土しました。人骨を運搬する作業を続けると日本人だけが病人のようになり、人骨投棄の作業が終わると、二人ともケロリと治ったのです。

……

　この二人に必要だったことは、どうやら「おはらい」だったらしい。[*2]

……

　日本人の二人は、人骨に特別な文化的感情を持っていました。いわゆる穢《けが》れという意識、忌避すべき対象、あるいは人骨に魂が宿っているなどの感覚です。

　その上で、「感情移入の絶対化」すなわち、自分たちの心や感情が現実であるという思考が強くなっていけば、「穢れや恐れを人骨に感じる」↓「感情が現実であり、自らが穢れや呪いなどにかかる」という状態を招いてしまうのです。

　一方、人骨に日本人のような文化的感情を持たないユダヤ人は何ともありませんでした。この場合は、日本人の伝統と感情の結び付けが、空気の支配を生み出したのです。

支配構造② 命題を絶対化する「言語」による支配

　2番目の、命題を絶対化する言語による支配とは、一体どんなものでしょうか。まず、命題を絶対化することで生まれる空気支配について見ていきましょう。

……

　対象の相対性を排してこれを絶対化すると、人間は逆にその対象に支配されてしまうので、その対象を解決する自由を失ってしまう、簡単にいえば、公害を絶対化すると公害という問題は解決できなくなるのである。[*3]

……………

「公害＝絶対悪」と捉えると、どの辺りで折り合いをつけていいかわからなくなります。公害が絶対悪ならば絶滅すべき、工場は全部止めろ！　となってしまうのです。

命題の絶対化は、敵が滅ぶか自分が滅ぶかという破壊的な思考につながります。相対化できると、住民の健康を絶対に害しない状態まで汚染レベルを下げることが一旦の解決策、つまり公害＝悪とならない条件として現実的な思考が可能になります。

命題の絶対化

AはBである、という前提を絶対化して他の可能性を考えさせない

現実の世界では、AはＢ条件次第でBになる場合もあれば、Cになる場合もある。成立の条件を明確化して、「実は検討していない」別の可能性を広く探るのです。

逆に、人を誘導し拘束したい場合は、命題を絶対化して他の可能性を検討させません。

そのために、AはCである場合や、他の可能性を考える者を弾圧して、徹底的に「AはB

である」という、誘導のためにつくった勝手な前提だけを絶対視させるのです。

「言葉」で人の思考は拘束できる

では、言葉の絶対化で空気をつくり上げるとは、どんな状態でしょうか。

例えば、法案成立の目的が自動車への「増税」にある場合。中身を反映するなら、法案の名称は「新たな自動車増税法案」でしょう。

しかし実際には、大気汚染と関連する「日本版マスキー法」の呼称が付けられました。マスキー法は自動車の排出ガスを現状から90％削減するというアメリカの大気浄化法改正法ですが、当時は大気汚染の科学的な検証が確立しないままに、増税ではなく環境問題に関連した法案として成立したのです（ただし、法案の成立は日本の自動車技術の革新を促すことに大きく寄与しました。山本氏は議論の過程における空気の存在を指摘）。

ラベルに書いてあるのは文字、単なる名称です。

ところが名称を絶対化する、名称を感情的に理解させると、成立条件を考えずに、貼り付けたラベルが「そのまま中身を示している」と考えてしまうのです。

単なる空き瓶に「劇薬」と大きく書かれた紙を貼り、どくろのマークをイラストとして描けばどうなるか。歩道にそのビンがあれば、人はそれを避けて通るでしょう。場合によっては警察や役所に通報するかもしれません。

名称（ラベル）やイラストなどの図像は、人間の思考を強力に拘束します。命題や名称による空気の支配を発揮させるのは簡単です。最初に、真っ赤な「ウソのラベル」を貼るのです。AはBである、という命題をつくり、本当はCやDである中身を隠すのです。

大衆をだますために、中身とまったく違う名称のラベルを最初にビンに貼っておく。これで、大衆は中身がラベルとまったく違うとは、疑わなくなるのです。命題や名称をある種の前提として機能させて空気を生み出す典型的なウソ、詐術です。

言葉に「隠された前提」が空気をつくる

ところで、言葉の絶対化は、なぜ空気に結び付くのでしょうか。

最大の理由は、多くの言葉の中に実はすでに「前提」が隠されているからです。

例えば、「日本版マスキー法」というラベル＝言葉には、アメリカの環境改善法をモデルにした法案という前提があります。逆にいえば、この法案が環境問題を意識してつくられたという〝意図された前提〟が潜んでいるのです。

先の劇薬というラベルなら、危険であるという一般的な前提があり、さらにはラベルと中身が一致しているという前提も隠されています。

意図的に設計された言葉には、「隠された前提」があり、言葉の成立条件を疑わないことは、相手の醸成したい空気（前提）に誘導され、操られることを意味するのです。

言葉による空気の詐術は、言葉に隠された前提を利用して人を騙しているのです。

狂気の「大本営発表」で破綻した旧日本軍

事実と異なる発表を、現在でも「大本営発表」と表現することがあります。本来は、一九三七年十一月から一九四五年八月まで行われた、戦況に関する発表を指しています。


大本営発表のデタラメぶりは、実に想像を絶する。

大本営発表によれば、日本軍は太平洋戦争で連合軍の戦艦を四十三隻沈め、空母を八十四隻沈めたという。だが実際のところ連合軍の喪失は、戦艦四隻、空母十一隻にすぎなかった。つまり、戦艦の戦果は十・七五倍に、空母の戦果は約七・六倍に、水

「言葉」で命題を絶対化する

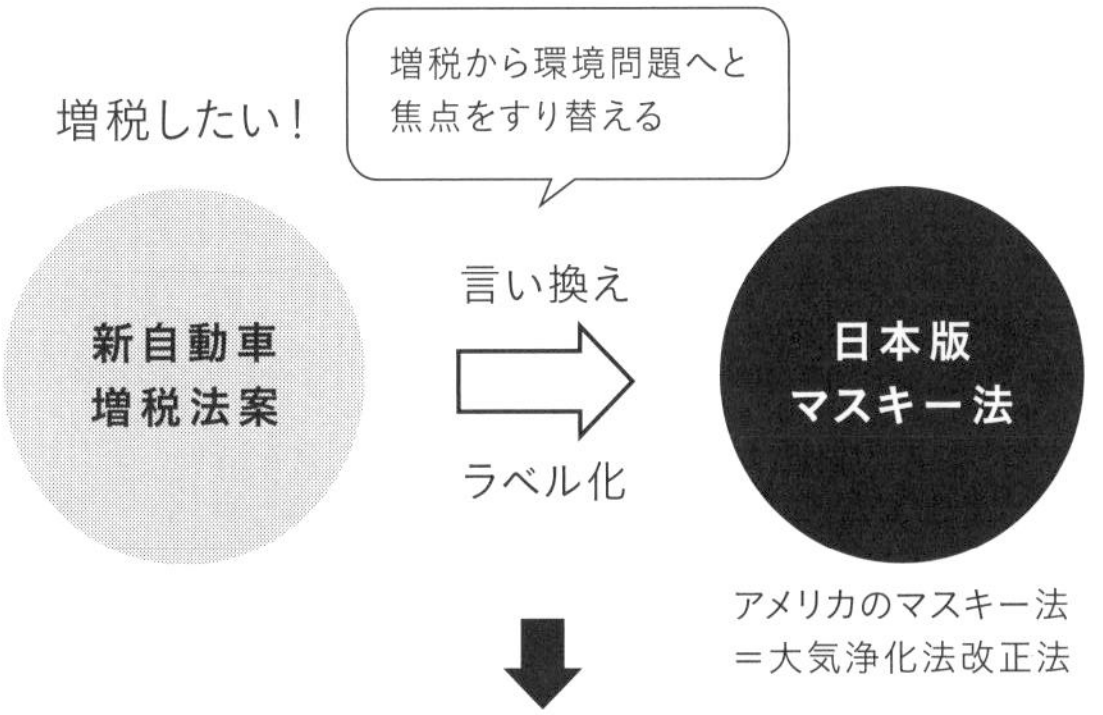

ラベル＝中身と考えてしまう	増税の話は消え、争点は環境問題へ、ラベル＝言葉が絶対化し、思考を拘束する

「日本版マスキー法」というラベルには、“環境改善”の法案
という前提が隠されている

環境破壊（公害）＝絶対悪	感情と結び付くと、「自動車は悪」という臨在感に支配される

言葉による絶対化の弊害

1. 中身と関係なくてもラベルを替えると、そのラベルに隠された前提に支配される
2. 恐怖感などの感情と結び付くと、現実的な解決ができず、極端で破壊的な思考になる
3. 言葉で命題が絶対化されると、本来あるはずのその他の解決策が考えられなくなる

増しされたのである。[*4]

……

書籍『大本営発表』（辻田真佐憲・著）では、実際にサイパン島での戦闘に参加して重傷を負い、米軍の捕虜になった平櫛少佐の戦後回想の言葉も紹介しています。

……

『必勝の信念』『大御心を奉じ』『一億一心』『八紘一宇』『聖戦完遂』『断乎撃滅』『向うところ敵なく』『勝利はあと一歩』……何というむなしい言葉の羅列であろう。官僚の作文だけでは戦争はできない。こういう無内容・無感動の言葉を適当に操作していれば、知らぬまに勝利がころげこんでくる、とでも思ったのであろうか[*5]

……

発表された言葉や数字は、現実と一致していなければすべて虚構（真っ赤なウソ）ですが、日本人は、「言葉＝現実として絶対化する」、言霊信仰のような思考をしがちです。

しかし一部の大衆は、戦局の悪化に気付いており、噂は全国に広がっていました。

……

「今日本は負戦さばかりだそうですね。発表ばかり勝つた様にしてゐるが、本統《ママ》は負けて居るとの事だ」（一九四二年十二月二十八日、熊本県内の投書[*6]）

「サイパンに出撃した連合艦隊は全滅した」『ラヂオ』を聞いてどうするか。軍報道部の『ニュース』は嘘ばかりだ[*7]」

言葉＝現実という感覚を持つ日本人は、言葉と現実を突き合わせる習慣が希薄です。しかし、言葉と食い違う現実は常にあり、思いや思考と現実も、本来まったく別の存在です。言葉の絶対化、感情移入の絶対化は、大本営発表を異常な魔法に仕立て上げ、現代でも日本人を口先だけで何度も騙すことができる状況をつくり上げているのです。

①「文化的感情」の臨在感的把握による支配
②命題を絶対化する「言語」による支配

二つの空気は、人の心の中で結び付けられた、何らかの意味や感情を、拘束力に変換することで、空気として大衆を誘導し、視野を狭める効果を発揮します。

日本人は、命題や言葉、心の中で結び付けられた意味と現実を同一視する、原始的な感覚を保持したまま、技術革新を成し遂げて近代化に成功した稀有な国です。

このような国で、言葉と行動がまったく違っても、恬《てん》として恥じないウソつきがいれば、社会に大混乱を引き起こし、国家を未曽有の破滅に誘導できてしまうのです。

まとめ

空気の支配には3つの基本パターンがある。①「文化的感情」の臨在感的把握による支配、②命題を絶対化する「言語」による支配、③「新しい偶像」による支配。いずれも、ある種の精神的な前提を、物理的な拘束力に転換して人々を支配している。

空気の正体

13 メディアは空気を生み出す装置となる

支配構造③「新しい偶像」による支配

前項で、空気による支配の二つの基本構造を見ましたが、3番目の、新しい偶像による支配とはどんな状態でしょうか。

偶像とは一般的に、神に似せてつくられた何らかの像を意味します。このような偶像を崇拝することを、偶像崇拝といいます。

……………

金属棒という物質の背後に悲惨を臨在させ、その臨在感的把握を絶対化することによって、その金属棒に逆に支配されたわけである。[*8]

この図式を悪用すれば、カドミウム金属棒を手にすることによって、一群の人間を支配することが可能になるのである（中略）これが物神化であり、それを利用した偶像による支配である[*9]

山本氏は、「人類が偶像支配から独立するため、実に長い苦闘の歴史があり、多くの血が流された[*10]」とも指摘しています。私たちには聞きなれない、偶像による支配、偶像崇拝とは、一体どんな行為を指すのでしょうか。

自分がつくった彫像に恐れおののいた芸術家

書籍『近代の〈物神事実〉崇拝について』（ブリュノ・ラトゥール・著／荒金直人・訳）から一節を紹介します。

彫刻家が夜明けに自分の工房に入り、前日彫り終えたばかりの彫像に怯えている。彼は茫然として両腕を広げ、雷の使い手が今にも自分を灰に帰すことを覚悟している。[*11]

この文は、「彫像家とユピテル像」という象徴的な寓話と版画を紹介した箇所です。

一塊の大理石がとても美しかったので、
ある彫像家がそれを買った。
彼は言った。「私ののみはそれを何にするだろうか。
神になるのか、テーブルか、それとも水受けか。
神になるだろう。それも、
雷を手中にした神にしたい。
怯えろ、人間たちよ。祈るのだ。
それは地上の支配者だ。[*12]」

彫刻家は、彫り上げるまでは大理石をどう扱うか、完全な自由を持っています。
しかし、一旦ユピテル像（雷を司る神）ができ上がると、大理石はまさに神となり、今にもその雷に撃たれて自らが灰になることを恐怖する。

理由は、大理石が雷神の形になると、人間の感情投影を極度に促進するからです。
自ら投影した「恐れ・崇拝」の感情に人が支配されて、つくり上げたものが神になる状態。それが偶像による支配と、偶像崇拝なのです。

知らぬ間に善悪を操る刷り込み法

山本氏は、偶像による支配体制を次のように述べています。

> 偶像的対象への臨在感的把握に基づく感情移入によって生ずる空気的支配体制[*13]

少し難しい表現ですが、これまでの分析から、次のように言い換えることができます。

> 偶像の対象を恐れや救済などの感情と結び付けて理解し、自分の善悪の感情が現実そのもの、相手そのものという感覚を持つ。この感覚（前提）に拘束される支配体制

偶像化とは、臨在感的な把握を極度に促進して、善悪を誘導することでもあります。

フェイクニュースのようなウソの報道でも繰り返されると、私たちは対象と特定の感情を結び付けて、相対的な視点で対象を見ることができなくなります。マイナスの感情と結

び付けられて悪の偶像となると、私たちはそれ以外の情報（例えば良い面）を一切受け付けなくなるからです。

偶像化とは、外見・映像・情報などで人の心に感情的な前提を刷り込むことです。結び付けられた感情と逆の可能性を、私たちに検討させないための大衆扇動術なのです。

「新しい偶像」は感情移入を誘発する新種のウィルス

山本氏は、この3番目の空気の説明に「新しい偶像」という言葉を使っています。御真影や遺影などの存在は、写真を含めた新しい映像・図像だと言えます。新しい偶像の対象は、現代のメディア、テレビなどの映像文化も含まれます。これらは古代から続く偶像とは異なり、ほぼ元の姿そのままを再生できます。そのため、善悪の前提を結び付ける偶像化も、古代よりも遥かに容易なのです。

もう一つの要素は、明治以降に黙示文学的な技術が日本に導入されたことです。黙示文学とは本来、ユダヤ教・キリスト教の古典を意味しますが、山本氏は「言葉の積み重ねで映像的にイメージを伝える技術」としてこの言葉を使用しています。

非論理的な言葉の積みかさねが映像的に把握され、人がこれを臨在感的に把握してそれに拘束される場合があり、その典型的な例をあげれば黙示文学である。[*14]

以上のような目で日本の新聞を読むとき、人びとはそれが、ある種の思想を黙示録的に伝達することによって、その読者に一切の論理・論証をうけつけ得ないようにして来たことの謎が解けるはずである。[*15]

描写や図像にも隠れて思想性があり、明治維新以降に「思想を伝達する目的の描写や図像利用」が、日本に新たに導入されたと理解することもできます。新種のウィルスの日本上陸のように、黙示文学的な表現や思想を誘導する図像に日本人は免疫がなく、新しい形の空気の醸成に利用され続けている可能性があるのです。

マスメディアは偶像を生み出す装置である

17世紀に欧州から始まった新聞を起源とするマスメディアは、偶像を生み出す新たな装置として機能し、明治になって日本に新聞が登場する頃には、メディアによる偶像創造の

「新しい偶像」による支配

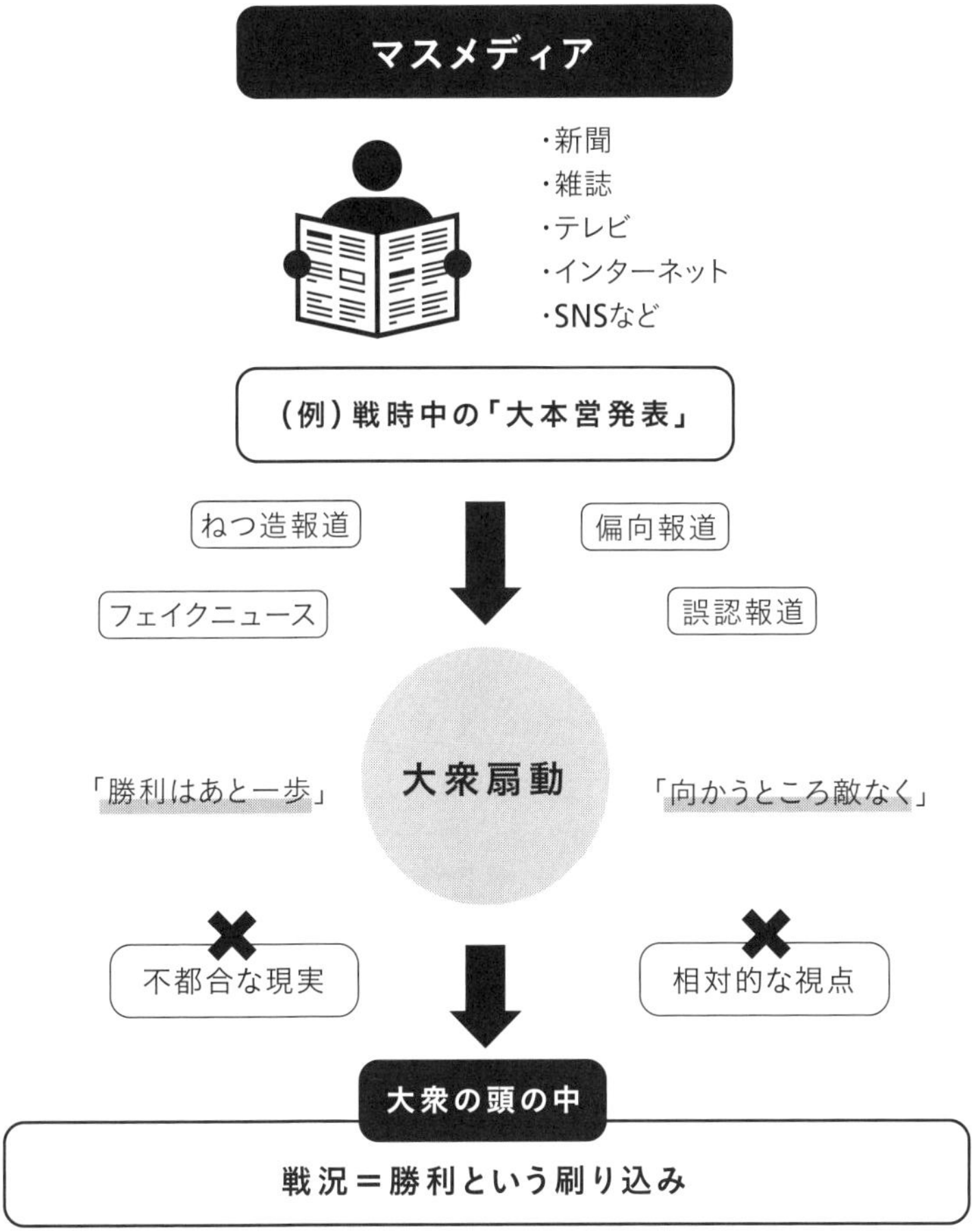

勝利と感情が結び付き絶対化すると、
それ以外の事実は受け付けず、勝利を疑う人に対して攻撃的になる

技術はさらに洗練されていたのではないでしょうか。

明治以前の日本人は、偶像をつくる新たなメディアに免疫がなく、明治以降はその大衆扇動力に操られてきたのかもしれません。もともと、古代からの偶像は、人間の祈りや救済を求める心が、感情移入により像に乗り移ることで成立してきました。

ところが最新メディアと映像などの技術は、対象と善悪の感情を為政者の都合のいい形で結び付けて、人々の思考を拘束することに利用されてきたのです。

西欧世界は数千年かけて空気を克服してきた

前提というのは、精神的な要素に限るなら、人の心にあるものです。

しかし、それを特定の外部の対象に投影させると、自分の心の中の拘束が、あたかも外に出て現実の物理的な拘束力となる錯覚が生まれるのです。

…………………………

〝KŪKI〟とは、プネウマ、ルーア、またはアニマに相当するものといえば、ほぼ理解されるのではないかと思う。

これらの言葉は古代の文献には至る所に顔を出す。もちろん旧新約聖書にも出て来

……ており、意味はほぼ同じ[*16]

西欧では、空気を意味する言葉の記述が古代から始まり、恐らくこの影響について多くの議論や研究が数千年かけてされてきたと推測できます。

一方の日本は、島国という閉ざされた環境、比較的恵まれた地理的な条件により、空気の影響力があっても過去は民族の存亡の危機などには至らなかったのです。

しかし明治の文明開化と同時に、西欧の「先進的な空気の醸成技術」が誰かによって輸入された、もしくは西欧自体が日本に使用したことで、最新の空気による大衆扇動が明治から日本でも開始されたのです。

空気の扇動で日本人と日本が滅亡の危機に直面したのは、太平洋戦争とその敗戦が最初だったのではないでしょうか。

戦時中の惨禍と、異常な社会統制を体験した人の多くは、何らかの形で「空気の存在」を後世に伝えようと苦闘しました。日本という国が、古代の多くの民族と同じように、空気に操られることで滅亡の危機に瀕していることを、肌で感じていたのでしょう。

空気の記述は、「この理不尽を何とか止めてくれ!」という日本人の叫びなのです。

その中で、山本氏が最も精緻に空気の存在を描写し、構造をこれ以上ないほど探究してくれていたことで、現代日本人は、空気打破の手がかりを多数得ているのです。
西欧を含めた各国は、空気の克服にすでに数百年、数千年をかけてきました。
その背後には、空気の大衆扇動力を打破できず、滅亡した民族が無数にいるのです。
日本と日本人は、空気の欺瞞を見抜き、悪意ある空気を打破できるのでしょうか。
私たち日本人の、学習能力と問題克服能力が、まさに今問われているのです。

まとめ

偶像化とは、対象に特定の感情を投入することで、投入された感情と対象を同一視すること。善悪や恐れ、憧れ、理想のイメージなどがよく投影される。悪の偶像とすれば、人は良い面を見なくなり、理想の偶像にすれば、人はマイナス面を見なくなる。

空気の正体

14

「ただの石」さえ、あなたを支配する神となる

空気を生み出す4ステップ

山本氏は、空気が生まれるプロセスについて、西南戦争を例に解説しています。

西南戦争は、いうまでもなく近代日本が行なった最初の近代的戦争であり、また官軍・賊軍という明確な概念がはじめて現実に出てきた戦争である（中略）、日中国交回復に至るまでの戦争記事の原型すなわち「空気醸成法」の基本はすべてこのときに揃っているのである。[*17]

1877年の西南戦争では、明治維新の元勲の一人、全国民的信望を持っていた西郷隆

盛が薩摩軍を率いて挙兵。国民から一身に尊敬を集めていた西郷の挙兵に明治政府は危機を感じ、「西郷軍は悪逆非道」とのねつ造記事を流したと山本氏は指摘しています。

当時の農民は、戦争は武士のやることで関係ないと思っていました。しかし、マスコミを利用した戦意高揚の記事は成功し、農民徴募の兵士は戦争に奮い立ったのです。

西郷隆盛を「悪の権化」として偶像化した明治政府

山本氏が解説した西南戦争での空気の醸成法は、4つのステップに分かれています。

空気を醸成する4ステップ

①西郷軍を残虐側、官軍を正義・博愛側に設定する　**絶対悪・絶対善の設定**

②西郷軍の残虐報道（ねつ造）に人々が恐れを感じる　**臨在感的な把握**

③西郷軍＝悪、官軍＝正義を繰り返し報道する　**感情移入を絶対化する**

④西郷軍と聞いただけで人々は恐怖・嫌悪を感じる　**空気が人々を支配する**

ここで「西郷軍を残虐側、官軍を博愛側」とするのはまさに前提です。

西郷軍を悪の権化とした前提の浸透で、どんな変化が生まれたのか。

> 当初は西郷側に同情的だったものも、また政府と西郷の間を調停してすみやかに停戦して無駄な流血をやめよと主張したものも、その上で西郷と大久保を法廷に呼び出して理非曲直を明らかにせよと上申していた者も、すべて「もう、そういうことの言える空気ではない」状態になってしまう。[*18]

山本氏は一連の情報操作を「そういう空気を醸成すべく政府から示唆された者の計画的キャンペーンであったろう[*19]」と指摘しています。

西郷隆盛は戊辰戦争で何度も実戦指揮を行い、一時は明治政府の陸軍大将にもなった軍事的な現実を知る人物です。その彼が、薩摩軍単独で挙兵した背景には「自らの決起により日本各地で反乱が起きる」ことを期待していた可能性もあるでしょう。

しかし明治政府は先手を打ち、西郷軍を絶対悪、官軍を絶対善とする空気の醸成に成功しました。西郷は挙兵した年の9月に自刃し、西南戦争は幕を閉じたのです。

ただの石が、あなたを支配する神になる

天災への不安を鎮めるため、山にあった石を「山の神様」として祠《ほこら》に祭り、祈りをささげたとします。この呪術的な感覚は、実は空気の醸成と同じ手順を踏んでいます。

山の石が神となって人を支配する流れ

①天災に対して山の神様を祭る　**絶対悪・絶対善の設定**
②不安を鎮めてくれる山の神様に精神的な救済を感じる　**臨在感的な把握**
③毎年一定の時期になると祭祀を繰り返す　**感情移入を絶対化する**
④山の神様の「空気」が完成　**物神となり村の人々を支配する**

4つのステップで、空気に支配された者には、山の神様が「自然災害への不安を鎮める救済」となります。もし「山の神様には御利益などない」と指摘する者が出現すれば、信者は怒るでしょう。山の神様に祈ることが、不安からの解放（安心）をもたらしているからです。御利益などないと認めたら、自分の不安が再び表面化してしまいます。

空気を醸成する4ステップ

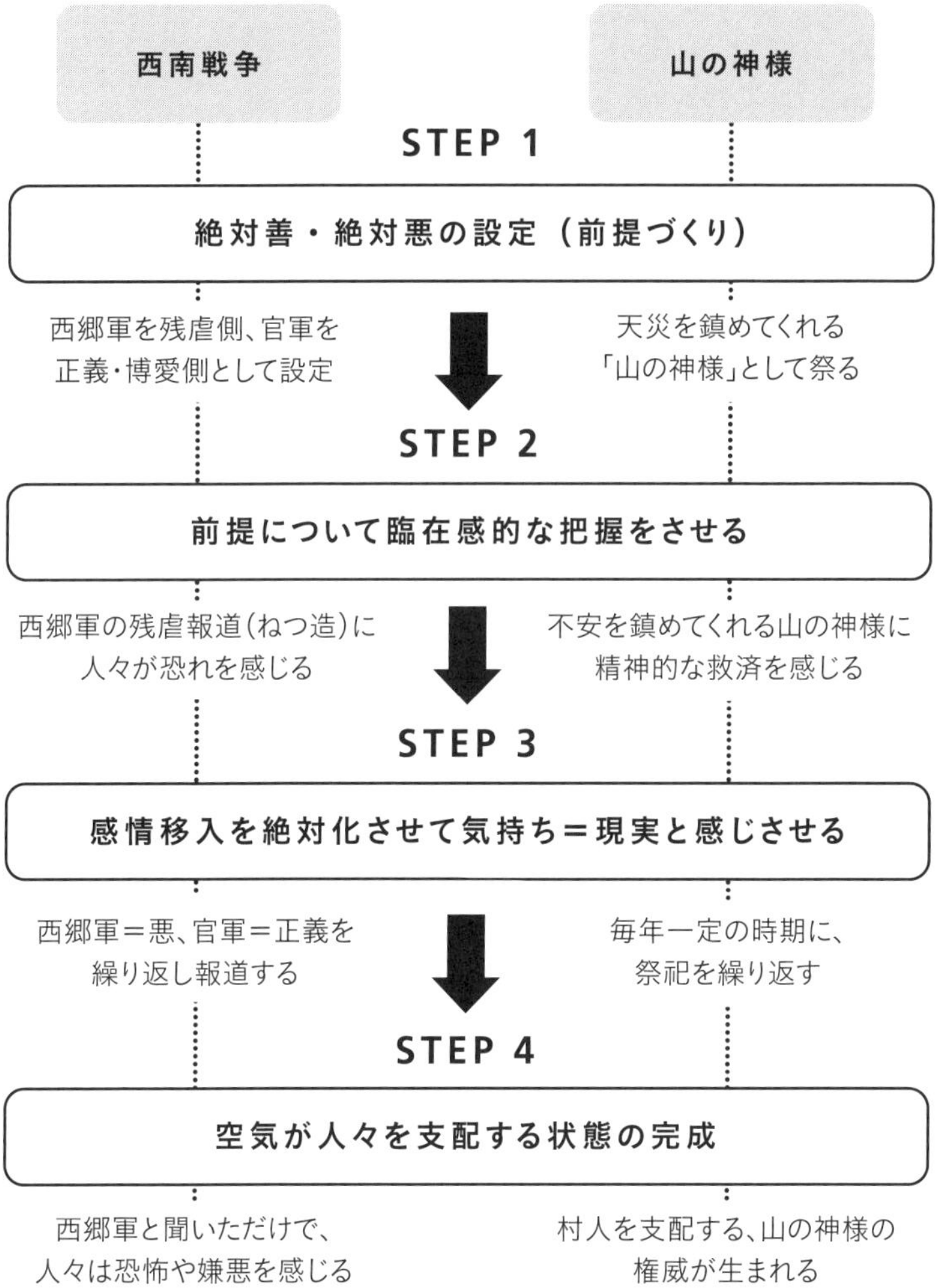

ただの石に「あれはただの石だ！」と言えば、民衆が怒りだすという異様な光景です。この時点で、全民衆は不安からの解放という点で、山の神様に心理的に依存させられています。空気醸成は、ただの石を神に変える物神化の構造を利用しているのです。

一夜にしてアメリカ人の大半が肥満になったカラクリ

空気＝前提は、日本国内だけでなく、世界中で隠然たる影響力を発揮しています。書籍『世界を変えた14の密約』（ジャック・ペレッティ・著／関美和・訳）では、肥満の基準値を変えることで、健康な何万人もの人々が、ある日突然に「要注意」の体型と認定され、高額な保険料を支払うことになった例を挙げています。

そのために利用されたＢＭＩ（ボディマス指数）は、生命保険会社で働いていたルイ・ダブリンという統計家が１９４５年に作成しました。

　契約者の体重の基準を切り下げて、それまで「太り過ぎ」に分類されていた人たちを、健康に害を及ぼす「肥満」に分類すれば、契約者が大幅に増えるはずだ。基準を変えれば、何万人という「普通」の人たちも「太り過ぎ」に分類される。[*20]

ダブリンは、ある種の前提を変えて、一瞬で肥満者を膨大な数に増加させたのです。

一夜にしてアメリカ人の半数が「太り過ぎ」か「肥満」に分類され、高い保険料を支払うはめに陥った。「科学的な証拠はなにもないんです」と言うのは、ダブリンの指標を分析した調査報道記者のジョエル・グエリンだ。「ダブリンはデータを見て、25歳前後の人たちの理想的な体重を勝手に全員にあてはめただけです[*21]」

都合よく前提を変えたダブリンの行為は、アメリカに肥満パニックを巻き起こしました。この騒動が、やがて巨大なダイエット産業を形成することになったのです。

結論より「前提」を大衆に押し付けるほうが気付かれない

空気による集団や共同体の支配とはどんな状態でしょうか。

ある種の前提を集団に押し付け、その前提からはみ出すことを許さないことです。

空気による支配の例

◆この前提を起点として思考しろ
◆この前提からはみ出すな
◆この前提から外れた意見を出すな
◆この前提から外れたものを抑圧する

経営に関する多数の著書を持つ清水勝彦教授は、『その前提が間違いです。』の中で次のように述べています。

……「前提」こそが結論を支配する[*22]

何を前提として議論を始めるかで、ある意味で結論が決められてしまうのです。結論を押し付けるよりも、前提を押し付けたほうが大衆扇動も気付かれなくなります。『世界を変えた14の密約』には、貧富の格差を広げた要因も描かれていますが、その一つに「富裕層をさらに金持ちにすれば、彼らが仕事をつくってくれてみんなの収入が増える」という、トリクルダウン理論があったとしています。

この新たな前提の浸透で、各国政府は富裕層をさらに豊かにする政策に合意してしまい、貧富の差が急拡大して、中流階級が消滅させられ、貧困層が激増しているのです。

理論的には、トリクルダウンはそれほどバカバカしい考え方ではありません。ですが、現実には裏付けがないんです。アメリカでもイギリスでも、国家歳入における投資の割合は減り続けています。経済成長も下がっています。だから証拠がないんですよ。[*23]（ケンブリッジ大学の経済学者ハジュン・チャンの言葉）

ある種の前提が浸透することで、現実を変えてしまう影響力を発揮する。

トリクルダウン理論という空気は、ある種の政策を後押しする力となったのです。

西郷が悪の権化になり、世界中で中流層が没落して貧困層に転落させられる。

空気（前提）は、比類のない強力さで、この世界を支配している隠れた力なのです。

だからこそ、前提が間違っていながら、その前提から逃げられない場合、共同体が滅亡するほどの悲惨な失敗へ導かれることが現実にあり得るのです。

山本氏が「日本を再び破滅させるのは空気である」と指摘したのはこの意味です。

空気の恐るべき力ゆえに、間違った空気は健全に破壊しなければならないのです。

まとめ

あらゆる議論や判断は、前提を起点に行われている。前提を操ることは結論を操ることであり、ある種の前提を世界に押し付けることは、世界の形を変えるほどの影響力とパワーを発揮する。そのため、意図的な前提は、時に誰かの膨大な富の源泉となる。

第5章

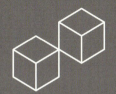

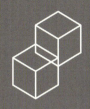

なぜ日本人は「常識」に縛られてしまうのか？

新たな拘束力となる水の思考法

15 水を差しても決して空気は消えない

日本社会を動かす「見えない原理」

山本氏は『「空気」の研究』の第2章の後半で、日本社会を動かし、拘束する原理を総括しています。

「『空気』の研究」でのべたとおり、その決定を下すのは「空気」であり、空気が醸成される原理原則は、対象の臨在感的把握である。そして臨在感的把握の原則は、対象への一方的な感情移入による自己と対象との一体化であり、対象への分析を拒否する心的態度である。[*1]

誰かが密かに決定した前提を感情的に理解させて、一方的な感情移入、すなわち「心の中＝現実」という誤認をさせて、偶像化、神格化したシンボルにしてしまう。

臨在感的把握は、結び付けた善悪の感情を「前提」として機能させます。

強い嫌悪感と結び付けると良い面を隠すことができ、強い希望や救済の気持ちを結び付けると悪い面を隠すことができる。つまり「絶対化への操作」が可能なのです。

空気の対処法としての「水」とは？

「水を差す」の一般的な意味は、うまくいっていることを邪魔するなどです。

> ある一言が「水を差す」と、一瞬にしてその場の「空気」が崩壊するわけだが、その場合の「水」は通常、最も具体的な目前の障害を意味し、それを口にすることによって、即座に人びとを現実に引きもどすことを意味している。[*2]

山本氏の青年時代、出版仲間で自分たちが出版したい本の議論をしたときのこと。話がどんどん具体化していき、相当に売れそうだという気持ちになっていく。

「いつまでもサラリーマンじゃつまらない、独立して共同ではじめるか」[*3]という段階まで空気が過熱するも、誰かが「先立つものがネエなあ」と一言いうと、一瞬でその場の空気は崩壊してしまいます。つまり、資金問題という現実に直面して、空気が雲散霧消してしまったのです。

空気の暴走を食い止める「水」と「雨」

第2章のキーワード「雨」を、山本氏は水が連続したものと定義しています。

われわれの通常性とは、一言でいえばこの「水」の連続、すなわち一種の「雨」なのであり、この「雨」がいわば〝現実〟であって、しとしとと降りつづく〝現実雨〟に、「水を差し」つづけられることによって、現実を保持しているわけである。[*4]

水と雨について、山本氏の記述から次のような関係性を導くことができます。

水と雨の違い

◈「水」とは、最も具体的な目前の障害
◈「雨」とは、水の連続したもの、すなわち日本社会の常識や通常性（文化・習慣）

私たち日本人は、空気に突き動かされたとき、非現実的な行動を誘発しがちです。それを防止する役割を果たすのが現実的な障害を意味する「水」、水の集合体としての日本社会の通常性、すなわち「雨」と指摘されているのです。

空気と対比される「水」とは一体何なのか

本書では、空気＝ある種の前提と定義しました。では、水の定義はどうなるのでしょうか。先の山本氏の定義を再度確認してみましょう。

> ある一言が「水を差す」と、一瞬にしてその場の「空気」が崩壊するわけだが、その場合の「水」は通常、最も具体的な目前の障害を意味し、それを口にすることによって、即座に人びとを現実に引きもどすことを意味している。[*2]

この文面から、本書では「水」を次のように定義します。

水　現実を土台とした前提

これまでの分析で、「空気（ある種の前提）」は何らかの虚構を誘発する存在でした。理由は、前提を絶対化する過程で、矛盾する現実を無視させる圧力となるからです。

空気の場合は、願望や希望に近い形で現実を無視させる方向性を持ちます。

一方の水は、現実を土台とした前提として機能し、「そんなことは無理だよ」「お前の今の成績では難関大学は合格できないだろう」などの発言に代表されます。

小さな企業が著名な巨大企業との契約を得ることも「たぶん無理だろう」と誰かが言えば、それは願望に対するブレーキとして「水を差す」ことになるでしょう。

水の場合は、現実を土台とした前提として未見の可能性を無視させるのです。

もう少しやわらかい例で考えてみましょう。

例えば、模試の判定がＤ（悪い）の高校生が、それでも名門の難関大学を受験したいと主張した場合。「絶対に合格するぞ！」と自分の中で空気を盛り上げることは、模試のＤ判定という足元の現実を無視しています。これは「やればできる」という〝願望としての前提〟が学生の中にあるわけです。
一方で、「この成績では絶対に合格は無理だ」と周囲が水を差すことは、一般的な大学受験の合格率という〝現実に即した前提〟を基に、生徒がこれから驚くほど努力して、受験前に成績を大きく伸ばす可能性を無視しています。
空気と水はともに「前提」ですが、その方向性と無視させる対象が違うのです。

水があるのに、どうして空気の猛威が消えないのか

出版仲間と独立するか、という山本氏の話には重要なポイントがあります。資金がないという「水」を投げかけられても、同じ空気が繰り返し起こったことです。

……

私は何度か、否、何十回かそれを体験した。[*5]

必ず成功するという空気（前提）が盛り上がる度に「水」を差しても、なぜ独立の空気がまた盛り上がるのか。戦艦大和の出撃の議論と同様、「独立する」はダミーの目標だからです。

出版仲間で独立する話が盛り上がる理由

空気（願望の前提）　必ず売れそうな本（だからみんなで独立して出版しよう）
水（現実を土台とした前提）　資金がなければ独立はできない
隠れた本当の動機　今の会社員生活は、不自由や不満が絶えない

つくりたい本、仲間と独立して成功したいなどの気持ちは、実際は現在のサラリーマン生活が、不自由で待遇に不満があるという隠れた願望の裏返しかもしれません。

そうであれば、資金があるか否かという現実の障害とは関係なく、独立願望は何度も立ち上がります。サラリーマン生活が不満、不自由だという空気には水を差していないからです。

「水」の基本は「世の中はそういうものじゃない」とか、同じことの逆の表現「世の中とはそういうものです」とかいう形で、経験則を基に思考を打ち切らす行き方であっても、その言葉が出て来る基となる矛盾には一切ふれない[*6]

戦艦大和の議論における水（現実を土台とした前提）は、沖縄特攻の成功確率がほとん

水を差しても空気が消えない理由

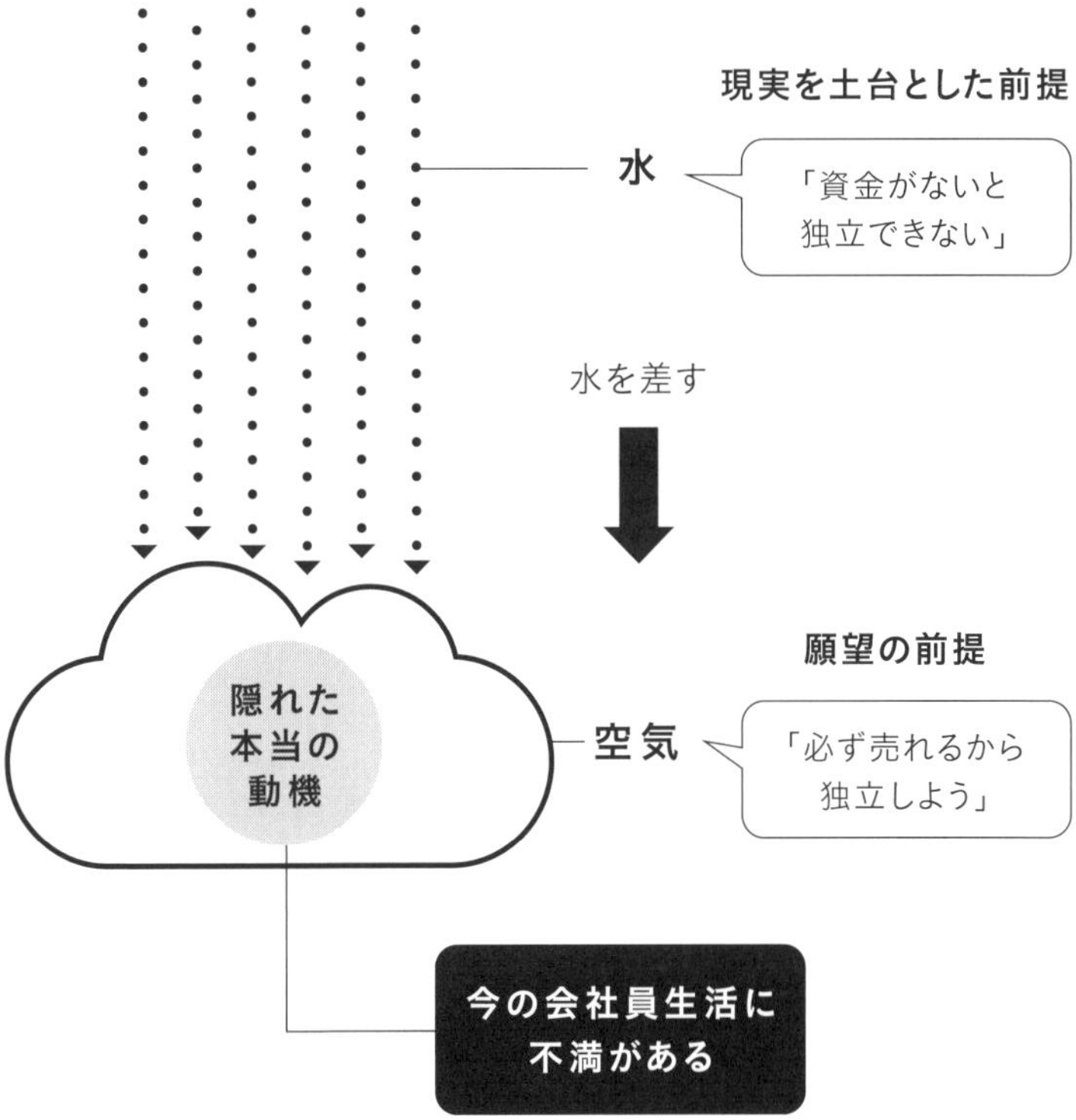

「独立」という空気はダミーの目標なので、
いくら水を差しても本当の動機は消えない。
真の不満が解消されない限り、
繰り返し独立しようという空気が出現する

どゼロということでした。これはまさに現実を土台とした前提です。

しかし、沖縄特攻の真の動機は、敗戦で大和が敵に拿捕されることを絶対に避けたいということでした。これこそが「言葉が出て来る基になる矛盾」なのです。

資金がないのに独立する、という発想はある種の無茶です。

同様に、作戦の成功確率がほぼゼロなのに、戦艦で特攻するのも無茶なのです。

なぜ、この「無茶」が出てくるかを、水は一切洞察することなく否定します。

本来は、なぜ「無茶」が出てくるのか、その出発点こそ探り、解体すべきなのです。

ダミーの目標に水を差しても、真の動機に水を差さない限り、沖縄特攻や独立話のように、無茶で無謀な空気が何度も立ち上がってくるのです。

まとめ

水は現実を土台とした前提として、空気の前提が無謀すぎるとき、反論に使われる。しかし、真の動機に水を差さない限り、無謀な空気は繰り返し現れる。

空気の正体

16 水はやがて日本人を「常識」に縛り付ける

水（雨）は、あなたを別の形で拘束している

山本氏は水について次の指摘をしています。

「水を差す」という通常性的空気排除の原則は結局、同根の別作用による空気の転位であっても抵抗ではない。[*7]

…………………

空気は、何らかの不都合な現実に対する対極的な世界観、ある種の背伸びに近い形で日本人を拘束してきました。行き過ぎれば現実無視、無謀に結び付く拘束です。

一方で、現実を土台とする前提である水、その連続としての社会的通常性である雨は、

ネガティブな方向、あれもダメ、これもできないという萎縮の拘束です。

水と雨の正体とは、単にポジティブとネガティブを逆にした「空気」なのです。楽観的すぎる「空気」に対して、不都合な現実としての「水」をぶつける。空気の逆作用が水であり、水の逆作用がすなわち空気だったのです。

空気と水、日本人を拘束する二つの構造

日本人を拘束する二つの構造

空気　不都合な現実に対する願望的な前提
水（雨）　非現実的な目標への抑止となる、現実を土台とした前提

加熱した空気を崩壊させる「水」は、一見したところ私たち日本人を、空気の拘束から解放してくれる自由への道具だと思われました。しかし、無謀な空気を現実に引き戻す一方で、一般常識や現実的な視点に、私たちを拘束する別の鎖でもある。

これでは、自由を求めていたはずの日本人は、希望を失わざるを得ません。

戦争直後、「自由」について語った多くの人の言葉は結局「いつでも水が差せる自由」を行使しうる「空気」を醸成することに専念しているからである。そしてその「空気」にも「水」が差せることは忘れている[*8]

戦争の悲劇を経験した日本人は水を差す自由が大切という「空気（前提）」を醸成してきました。一方で、「それは単なる理想論」など、水を差す自由（が重要という空気）に、現実の障害をぶつけることでさらに水を差すこともできる、という意味なのでしょう。

水はやがて日本人を「常識」に縛り付ける

水の集合としての雨は、日本の文化的な常識（通常性）とも言えます。

「おじぎ」という奇妙な体型をとれば相手もそれとほぼ同じ体型をとるという作用が通常性的作用（中略）信号が赤になれば、田中元首相の車も宮本委員長の車も、反射的にとまるであろう。これが空間的通常性[*9]

しかし、山本氏は恐ろしい指摘もしています。

水と雨が、実は対極であるはずの「空気」を醸成する基盤になっていることです。

われわれは、非常に複雑な相互関係に陥らざるを得ない。「空気」を排除するため、現実という名の「水」を差す。従ってこの現実である「水」は、その通常性として作用しつつ、今まで記した「一絶対者・オール3」的状態をいつしか現出してしまう。[*10]

対極であるはずの水が、その通常性ゆえに、日本人を拘束する「空気」に変容する。

これは一体、何を意味しているのでしょうか。

水は「世の中そういうもの」という通常性をぶつけてくる

「水＝現実を土台とした前提」は、通常性を基にして判断させようとします。

理想や夢を高く掲げると、「世の中そんなに甘くない」とすぐに水を差す人が現れます。

これは現実を土台とした否定的な前提を突き付けているのです。

もし声高に主張すれば、理不尽なことも通ってしまうなら、空気と水はどうなるか。

「この理不尽な前提を受け入れさせてやろう！」　異常性を押し付ける「空気」
「常識的にそんな勝手が通っていいはずがない」　異常性に反論する「水」
「世の中そんなものですよ、残念ながら」　通常性としての「水」

空気（願望的な前提）に、現実的な視点を提示し続ける（水を差す）と、次第に「これまでどおりで行くべきなのかな」となってきます。

異常性に「通常性で」反論すると、最後は日本社会の慣習的な姿になるからです。

前例主義のように、「水」が現状のゆがみも通常性として引き継ぐ悪循環に陥るのです。

「水を差す」通常性がもたらす情況倫理の世界は、最終的にはこの「空気支配」に到達するのである。*11

……………

現実を土台とした前提の「水」は、やがて日本社会の通常性に戻る作用を発揮します。その一つが「資本の論理」や「市民の論理」など、ムラが複数存在する情況倫理の世界です。そうなると、ムラが仕切る、伝統的な空気の拘束に日本人は陥ってしまうのです。

水は空気の異常性に反応するだけ

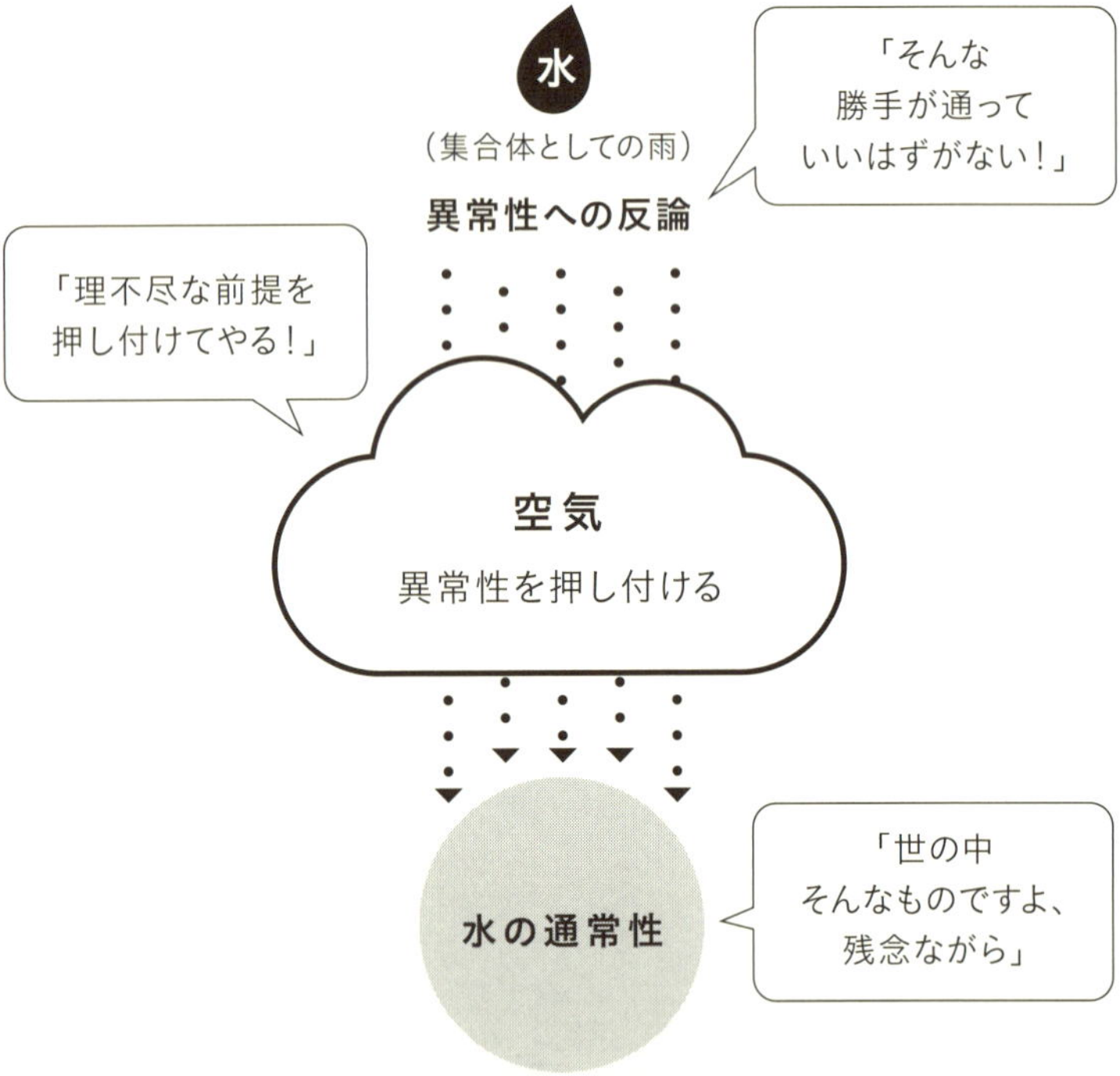

空気と対極であった水は、やがて「そういうもの」という諦めをもって常識に変容する

水もまた「空気支配」に到達する

前例主義のように、水が現状のゆがみも通常性として引き継ぎ、空気の支配を逆に助長する

「竹槍ではB29を撃墜できない」と言った者への非難

竹槍戦術の練習は、現代の日本人には信じがたい戦争中の出来事の一つでしょう。

敗戦直前には、上陸する米兵（人形）を婦人が竹槍で刺し殺す訓練までありました。

さらに一部には、竹槍でB29爆撃機を撃墜するポーズの練習まであったのです。

B29は米軍の開発した長距離戦略爆撃機であり、竹槍で落とすなど不可能です。ライフルを持つ米兵を、婦人や子供が竹槍で殺傷することも、できるはずもありません。

『「空気」の研究』の第2章では、「竹槍で醸成された空気」という言葉が出てきます。勇気ある一人の人が「それはB29にとどかない」と言ったと山本氏は述べています。

「それはB29に届かない」との指摘は、現実を土台とした前提という意味でまさに「水」です。現実的な前提である「水」を差されたとき、戦時中の日本ではどうなったか。

そのような指摘をする者を〝非国民〟だと糾弾し、物理的な現実を無視させ続けたのです。

……

本人がそれを正しい意味の軍国主義《ミリタリズム》の立場から口にしても、その行為は非国民とされて不思議でないわけである。これは舞台の女形を指さして「男だ、男だ」と言うようなものだから、劇場の外へ退席させざるを得ない。[*12]

ウソを集団に共有させて、現実を指摘した者を、弾圧するか村八分にして孤立させる。虚構の共有は、舞台のような芸術分野であれば、趣味趣向として意味を持ちます。しかし高度1万メートルを飛ぶ爆撃機は、人間を殺す爆弾の雨を降らせます。

にもかかわらず、共同体の情況（物の見方）に現実を投げかけた者を〝非国民〟と呼びました。物理的に間違っていることを認めたら、虚構がすべて崩壊してしまうからです。

「非国民」「努力の尊さ」という詐術のメカニズム

「おまえは非国民だ！」の指摘にはもう一つの構造があります。

物理的な問題を、感情や心情的な問題にすり替えていることです。

こんなにみんなが努力しているのに、お前はそれを笑うのか、という非難は、いつの間にか、物理的な問題を心情的な問題にすり替えていることがわかります。

物理的な視点ではウソがつけないため、集団の情況や心情を持ち出してくるのです。

また、日本人が好む「人の努力は常に尊い」という発想にも危険があります。間違った努力が尊いとは、正しいことをしている場合に限って言えるはずです。間違った努力を継続すれば、本人も周囲も社会全体も不幸にするだけです。

相対化とは、命題が正しい場合と間違っている場合を区分することでした。努力も絶対化すれば、不幸を拡散させ悲劇を増大させる悪そのものになるのです。

高高度を飛行するB29を竹槍で落とすポーズは、国民が全滅するまで戦争を継続するという前提から逃がさないための、虚構の一つだったと考えられます。

もし現実だけを見たら、100％敗戦が予測でき、日本国民は意欲を完全に失います。しかし、間違った目標に対して意欲を失うことは、本来正しいことでしょう。

間違いを訂正させないため、物理的な問題を心情的な問題にすり替えて、計測不能にする。この詐術は現代の日本社会でも、頻繁に見られる大衆誘導の手法です。

ゆがんだ物の見方をムラに強制して、水を差されることへの防御をしているのです。

戦争継続の空気に拘束されて、日本人はまったく勝ち目のない悲惨な戦争をだらだらと続けました。膨大な犠牲を払い、長崎・広島で原子爆弾が45万人の命を一瞬で奪うまで、誰も「敗戦受諾と停戦」を実現できなかったのです。

まとめ

水は異常性に反論しながら、日本の通常性に回帰するため、「世の中こういうもの」という空気支配の悪循環につながってしまう。水はあくまで現実を土台とした前提にすぎず、空気を超克する機能は持っていない。

空気の正体

17 日本の「科学的」にはウソが含まれている

疑似西欧的な論理が生み出す空気

『「空気」の研究』の第1章の終わり部分に、気になることが書かれています。それは「疑似西欧的な論理による(空気の)支配」という言葉です。

…………………

「水」は、伝統的な日本的儒教の体系内における考え方に対しては有効なのだが、疑似西欧的な「論理」には無力であった。[*13]

…………………

昭和の悲劇とは、表面的には西欧的といえる仮装の論理に基づく「空気」の支配に対して、伝統的な「水」が全く無力だったことに起因している。[*14]

この描写だけでは、具体的にどんなことを意味しているのかわかりません。

しかし、これまで述べてきた空気の定義から、次の点を思い出してみましょう。

空気の最大の弊害

意図的な前提を掲げて押し付けることで、都合よく現実の一部を隠蔽する

「疑似西欧的な論理」の空気は、現実を一体どのように隠しているのでしょうか。

"科学的研究"は、カドミウムが原因ではないと断言した

注目すべきは、山本氏が「疑似西欧的」「表面的には西欧的といえる」「仮装の論理」など、本物ではない、という趣旨の言葉を何度も使用していることです。

『「空気」の研究』では、イタイイタイ病の原因が「カドミウムではない」と断言する研究者が紹介されています。

しかし現代では、イタイイタイ病の原因がカドミウムであることは認識されています。

では、当時なぜこの研究者は「間違いなくカドミウムは関係ない」と断言したのでしょう

か。

仮に、ある条件で実験を行い、安全が証明されたとします。しかし、その「安全である」という判断は、特定の、一つの条件についての証明にすぎないのです。

この研究者は記者団の前で、カドミウムの金属棒をなめて見せました。記者団は逃げ出しますが、当の研究者は「何をバカなことを」と思ったでしょう。

ところが、この研究者も毎日カドミウム棒をなめ続けたなら、イタイイタイ病の患者たちと同じように、骨がもろくなり、やがて激痛に苦しみ命を落としたのです。つまり、ごく短期間という時間軸（条件）でしか、摂取の安全性は証明されていなかったのです。

ある種の実験、ある種の論理、ある種の測定は、一つのことを証明したにすぎません。この研究者は恐らく、ごく一部分の立証でカドミウムの安全性を証明したと考えて、長期的な摂取の影響が立証されていないことを無視したのではないでしょうか。

日本で使われる「科学的」に含まれるウソ

西欧の基本思想は「徹底的な相対化」だと山本氏は指摘しました。

命題が正しい場合と、間違っている場合を明確に区別することです。

条件なく命題が100％正しいという絶対化は、神の権威以外は許さないのです。

例えば、健康診断ではさまざまな検査をします。検査項目が複数ある理由は、いくつもの数値や画像によって、健康か病気があるかを、複数の観点から診断するためでしょう。血液検査の一つの項目は、その項目が関連する範囲以外は立証していないからです。同様に、一つの理論が立証しているのは、その理論の範囲だけだと言えます。ここで生まれている空気を、山本氏の言葉で再確認してみましょう。

◈疑似西欧的な論理
◈表面的には西欧的といえる仮装の論理

これらの言葉から、「論理・科学的」な要素を、日本的に誤って利用していることが推察できます。

〝日本的誤用〟の典型例は、限られた条件の検査項目をクリアしただけで、すべての物事が「科学的に問題ない」としてしまうことです。

本来の相対化思考に従うなら、その実験が証明していない範囲をまず明確にすべきなのです。それをせず、「この理論・データが証明している」という前提を押し出して、証明できていない領域のことを隠してしまうのです。

「科学的、あるいは論理的に考えて」という言葉は、その科学や論理がどの部分までを立証して、何を立証していないかを明確にしなければウソが含まれるのです。

一見西欧的に理論やデータを扱うように見せて、日本では現実の一部を隠すために、論理を空気（前提）に転換して悪用しているという指摘なのでしょう。

疑似西欧的な論理に水は無力である

山本氏は、「水」の基本機能を次のように端的に表現しています。

「水」の基本は「世の中はそういうものじゃない」とか、同じことの逆の表現「世の中とはそういうものです」とかいう形で、経験則を基に思考を打ち切らす行き方であって（中略）。聖書には、この言い方は全くない。『ヨブ記』などは、この言い方を当然とすれば、はじめから成り立たない。[*15]

本書では「水」を次のように定義しました。

水　現実を土台とした前提

「世の中はそういうものじゃない」「世の中とはそういうもの」などは、無謀すぎる目標やあまりにも筋が通らないことに対して、反対の意味で使用されます。

これらの利用法から見て、「水」が現実を土台とした前提からはみ出した、何らかの異常性に対処することがわかります。

ところが、西欧的論理や科学的データは、この「現実を土台とした前提とのギャップ」「常識と比較して、どこに異常があるか」などが瞬時に判断しにくいのです。

このわかりにくさを、日本的な絶対化に悪用すれば、科学や論理は空気に豹変します。

……………………

われわれは残念ながらまだ新しい「水」を発見していない。だがその新しい「水」は、おそらく伝統的な日本的な水の底にある考え方と西欧的な対立概念による把握とを総合することによって見出されると思われる。[*16]

日本の伝統的な「水」の思考法を、山本氏は経験則を基に思考を打ち切らす、と指摘していますが、日本は近代まで論理で議論をする経験が浅かったのでしょう。

だからこそ、「水」は論理を空気化する疑似西欧的なウソへの対処に使えないのです。

新しい水とは、恐らく「相対化を基にした前提」を空気にぶつけることでしょう。西欧的な対立概念＝相対化を、日本的な水（つまり常識的判断）に組み入れるのです。

先の研究者がカドミウム棒をなめたとき、記者たちは逃げずに「1回なめても安全なのはわかった。では毎日それをなめ続けたら、どうなるのか？」と質問すべきでした。

この質問は、研究者の行為が証明していない範囲を一つ、明確にするからです。

一つの論理やデータが証明している範囲、していない範囲の明確化が、論理や科学的データを扱うときには必須であり、それを日本の常識にすべきなのです。

まとめ

本来の科学的思考は、命題の相対化（成立する条件、しない条件の明示）を必要とするが、空気による支配が横行する日本では、「科学的」という言葉が、ある種の命題を絶対化するために誤用・悪用されるケースが多い。

18

外来文明を都合よく「骨抜き」に溶解する

外来文明を消化する水の溶解作用

『「空気」の研究』で山本氏は、水・雨の溶解作用にも触れています。

われわれの社会にはこの「水」の連続らしきもの、すなわち何か強力な消化酵素のようなものがあり、それに会うと、すべての対象はまず何となく輪郭がぼやけ、ついで形がくずれ、やがて溶解されて影も形もなくなり、どこかに吸収され、名のみ残って実体は消えてしまうという、実に奇妙な経過をたどる[*17]

日本は古来から、外来の文明や宗教を、自国に受け入れたときから徐々に溶解させ、最後は消化吸収する形で変容させてしまうと山本氏は語っています。

日本は仏教国だといわれる。これは今では世界的な定義で、外国の地図などでは日本を仏教圏に入れているから、確かに「名」は残っている。だがしかし、専門学者は浄土宗は仏教ではなく、浄土宗のような思想は仏教にはないという。[*18]

溶解作用は、仏教だけでなく西欧文明やキリスト教など、外来のあらゆる文明に影響を及ぼしています。なぜ日本の水は、このような溶解作用を持つのでしょうか。

敗戦後、なぜ日本人は急に民主主義者になったのか？

日本は1945年に太平洋戦争で敗戦しました。

そのとき、教育現場で起こったことが、『「空気」の研究』に描かれています。

一学期に黒板に「大和魂」と書いた教師が二学期に黒板に「民主主義」と書いたからといって、何かの変化が起るはずはない。[*19]

全日本人が、そのような形で、外形的な自己変革を行なうことによって、「自分は変った、今日から民主主義者だ」と自己を暗示にかけてそう信じこむ、そしてそう信じこむことによって変革を避けるという、伝統的な行き方の象徴的な表われにすぎない。[*20]

…………………………

外形的な自己変革で、逆に中身は一切変化しないという日本の伝統的な生き方。本書のこれまでの議論を基にするなら、次のように整理できるでしょう。

空気 自分は今日から民主主義者、という新しい願望的な前提

水 人の生活はガラリと一変できないという現実的な前提

「自分たちは今日から民主主義者に生まれ変わった！」という前提（空気）をクラスで共有しながら、先生も生徒も実生活はすぐに変えることはできない現実（水）。

ならばどうするか。変わらぬ日常生活の中で、民主主義的な要素が感じられる側面のみを切り取り、民主主義者という前提に矛盾する側面は無視すればいいのです。

すると変わらぬ日常のまま、全員で民主主義者になったという自己暗示が成立します。

外来思想を溶解させ、自らに着色して外来思想自体は消滅させるプロセスなのです。

日本の〝仏教〟は仏教ではない!?

山本氏は『一九九〇年代の日本』で、徳川幕府の体制に大きな影響を与えた禅僧の鈴木正三（1579～1655）について紹介しています。

一家を食べさせるため必死に働く農民が、熱心に仏行に励みたいが時間がない悩みを正三に打ち明けました。農民の悩みから、正三は次の解決策を編み出します。

禅僧・鈴木正三の言葉

「農業則仏行である」
「何の事業もみな仏行である[*21]」

農民が農業に励む、つまり生業に一意専心することは「仏行」だと鈴木正三はしたのです。これで農民は一心に働く日々を変えずに、熱心な仏教徒という自己暗示を得ます。

鈴木正三の新たな定義は、江戸時代から現代まで続く、仕事を仏行のように捉えて自己修身とする日本人の仕事観を形成したとも言われています。

インドや中国で仏行に励む修行僧の多くは、人々の喜捨《きしゃ》（施し）で生活しており、1日の大半を仏行にだけ費やしています。

本来の仏行と比較して、仕事が仏行になるのは、家族を養うことと、心の安寧を両立しており、極めて実用本位な外来思想の活用です。「空気と水」の観点からすると、願望と現実の二つを接合したような発明です。

しかし、のちに両者を比較すれば「これが果たして仏教なりや？」という指摘も当然のように出てくるでしょう。

外来思想を骨抜きにする日本独自の「翻訳文化」

外来思想のぬいぐるみを、ファッションのように頭だけかぶり中身は捨ててしまう。

これは本書の推測ですが、この現象は日本が歴史的に、文化・技術の輸入国であり続けたことが理由かもしれません。日本には、海を隔てて中国大陸があり、歴史上、長い期間にわたって大陸から世界の最先端の文化や技術が生まれたからです。

遠く海を隔てたことで、文化・技術を輸入しながらも、日本人が咀嚼・分解して独自の解釈をする、利用方法を完全に変えるなどの創造性を発揮する余地がありました。

定期輸入する文化・先端技術の恩恵は最大限に活用する。しかし、その度に根本部分まで影響を受けると、生活がネコの目のように変わってしまいます。これは防ぎたい。

そのため、輸入対象の文化・技術をばらばらに因数分解して理解し、特に恩恵があり活用しやすい実用面から自在に導入する能力が高まったのです。

山本氏はこれを「翻訳文化」と呼びました。輸入から発明へ発展した「ひらがな」などは、「翻訳創造文化」の典型例かもしれません。

　徳川時代に日本は儒教の影響を徹底的にうけたそうだが、しかし科挙の制度は取り入れていない。いわば骨組みはどこかで骨抜きにされ、肉の部分は何となく溶解吸収され、結局は、儒教体制という形にならずに消えてしまったという経過をたどっている。[*22]

··

このプロセスで極めて重要なのが、「思想と技術・実用性を切り離す能力」です。

禅僧、鈴木正三の逸話では、農民はお経を唱えることなく、生業に一心に励むことで仏教徒となり心の平安が得られました。ある意味で最も本質を突いた改変・創造です。

外来文明を溶解吸収する翻訳文化

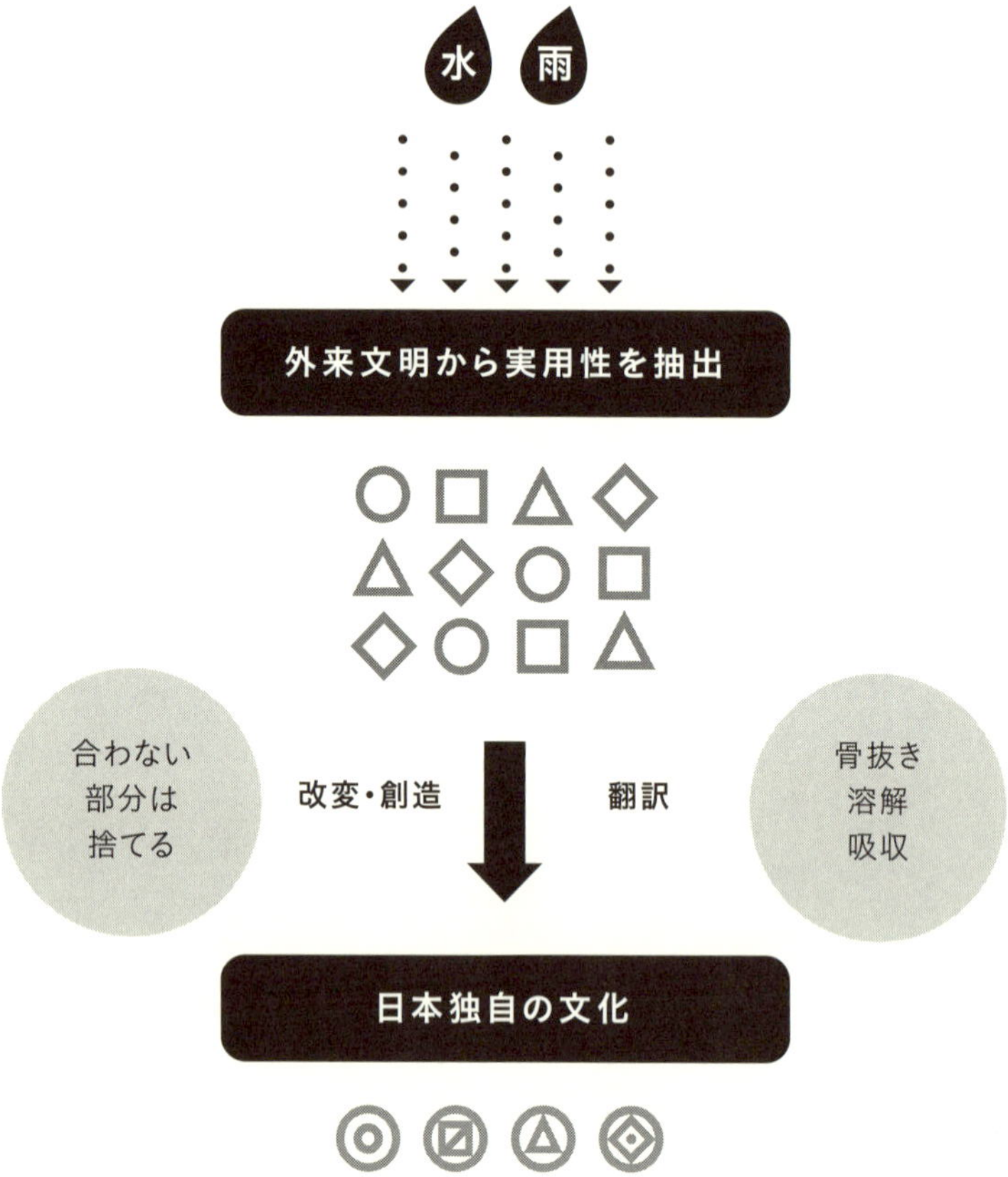

本来の骨組みを解体し、バラバラに分解した要素から
合う合わないで取捨選択、理想の形に翻訳創造していく

日本の明治とその文明開化は、封建制度から近代文明への移行に、最も成功した歴史の事例の一つと言われることがあります。戦後日本の経済的繁栄も同様です。

しかしこれは明治の日本人、戦後の日本人だけが特に優れていたわけではありません。日本人と日本という国は、長い歴史の中で、同種の練習問題を大量に解いており、卓越した翻訳創造文化により、高い得点でパスできる試験の一つにすぎなかったのです。

まとめ

水の溶解作用とは、日本人の生活の現実に合わない側面を、排出する機能である。翻訳創造文化とも呼べる日本のこの特徴は、外来思想の一部を自己の理想的な形で抽出し、不便だと思われる要素を捨てることで成り立っている。

第6章

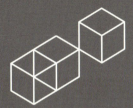

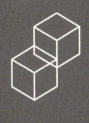

「日本劇場」を操る「何かの力」

支配者にとって空気は
世論をつくる最強の武器

19 「虚構」だけが人を動かす力である

空気とは結局、支配のための装置

山本氏は、『「空気」の研究』の第2章の最後で「空気」「水」「臨在感的把握」「情況倫理」「一君万民方式」などの、最終的な狙いと役割を述べています。

以上に共通する内容を一言でのべれば、それは何なのか。言うまでもなく、それは「虚構の世界」「虚構の中に真実を求める社会」であり、それが体制となった「虚構の支配機構」だということである。*1

ムラ全体で特定の物の見方（情況）を強制する。この強制でムラ人を支配して、現実と乖離した物の見方（すなわち虚構）の中に人々を拘束して逃がさない。

「空気」をはじめとして山本氏が指摘した構造は、支配を目的とした装置なのです。

なぜ「虚構のみが人を動かす」のか？

しかし山本氏は、虚構について次のような指摘もしています。

> 虚構の存在しない社会は存在しないし、人間を動かすものが虚構であること、否、虚構だけであることも否定できない。[*2]

……………

この世界では、人は未来を正確に予測することはできません。

ビジネスで「やればできる」と考えることは、「AならばBである」という意味で、ある種の希望的な前提です。

ある企業が新規事業の計画で全社的に盛り上がることは、空気（前提）で経営陣、多くの社員が動いていることになります。AならばBであるという〝希望的な前提〟は現実には存在せず、社員の心の中にしかないのです。

一方で、「そんな無謀な計画は無理だ」と考えることは、ネガティブな意味で「Aならば Bである」という前提がその人や集団の中にあることになります。

ネガティブな前提も、ある共同体全体が持つのなら、そのムラの中では現実と異なるマイナスの虚構が成立しているのです。つまり、現実の中にある可能性を〝ないもの〟と強制的に考えさせて、挑戦を抑止する虚構がそこにあるのです。

日本という国に作用する不思議な「何かの力」

虚構が「人を動かす唯一の力」だからこそ、山本氏はこう指摘します。

> 従ってそこ（＝虚構）に「何かの力」が作用して当然である。[*3]

山本氏は『「空気」の研究』の中で、小谷秀三氏の言葉を紹介しています。小谷氏は戦時中に技術者として日本軍に徴用され、フィリピンで破滅的な戦闘に巻き込まれて九死に一生を得た人物です。

これは軍人そのものの性格ではない。日本陸軍を貫いている或る何か、、、の力が軍人にこうした組織や行動をとらしめているのだ。（小谷秀二『比島の土』より）[*4]

次の引用は戦後30年たった経済立国日本で、スイスの製薬会社の社員による言葉を取り上げた『環境問題の曲り角』（北条誠・著）の一文です。

日本は、実にふしぎな国である。研究室または実験室であるデータが出ると、それを追求するよりも早く、何か、、、の力がそれに作用する……。[*5]（スイスの製薬会社社員の言葉）

新たな情報が、まるで何かに取り込まれて統制される姿の描写のようです。小谷氏と北条氏が描いた、日本という国に作用する不思議な「何かの力」とは一体何なのでしょうか。

日本を滅ぼす圧力の正体

空気の分析を進めてきた今、「何かの力」は次のように考えることが可能です。

日本に作用する「何かの力」とは

新たな事実や発見が、醸成している空気に一致しない場合、先んじてその新事実や新発見を取り上げて、「空気に一致する解釈」をつけて大々的に公表する。新たな事実や発見を、空気で日本を支配している側の不利にさせないための行為。

今のマスコミ報道にも似ていますが、何か事件なり問題が起きると、○○の事実はこう解釈するのが正しいのだ、という講釈師が洪水のように氾濫します。

「何かの力」と、紳士は言ったが、その抽象的な表現が、かえって私の心を傷つけた。左様。たしかに、一つのデータ、現象、事件に、日本ではすぐ「何かの力」が作用する。マスコミがとびつく。そして大きな渦となり誇大に宣伝され、世論となる。[*6]

先に紹介したように、空気が「支配装置」であるなら、「何かの力」がすぐ作用するのは当たり前の現象でしょう。

例えば、新発見が既存の支配的メーカーなどにとって不都合な技術的発見である場合、社会や大衆がその価値を正しく判断する前に「違う誘導をする」必要があるからです。

そのため「実験室で出たあるデータ」に電光石火で飛びついて、講釈師に都合のいい空気を醸成する目的で記事を書かせ、マスコミに大量配信させて誘導するのです。

体制側に不都合な問題が起こったときも、自分たちにとって都合のいい空気＝世論を誘導する力が日本ではすぐに働きます。

虚構は人を動かす力となるゆえに、人を操る道具としても日々利用されているのです。

国民の権利はく奪も空気づくりから始まる

山本氏は、この「何かの力」に関連して、次のような指摘もしています。

「人間の健康とか、平和な市民生活」が起点であるように、かつての日本軍もその発想の起点は、国家・国民の安全であり、その「生活圏・生命線の確保」であり、このことは繰りかえし主張されていた。だが、その「起点」に「何かの力」が作用すると、一切を壊滅さす方向に、まるで宿命のように走り出し、自分で自分を止め得ない。[*7]

「何かの力」は、なぜこのような巨大なテーマにまとわりついているのか。

日本軍が「生活圏・生命線の確保」などの巨大なテーマを持ち出したのは、恐らくこの巨大なテーマを持ち出すことで、それ以外の一切を無視しても仕方がないという空気（前提）をつくり出すためだったのではないでしょうか。

つまり、極度に重大なテーマを意図して掲げるのは、他のことはすべて無視されても、踏みにじられても仕方ないと大衆に思わせる詐術、前提づくりなのです。

山本氏の指摘のように、「国家・国民の安全」を名目に、国民のあらゆる権利をはく奪して、資産をすべて奪い取るのも止むなしという空気の醸成を狙ったのでしょう。

虚構に依存する者の末路

日本では戦争中に、巷で「敗戦主義者」という言葉がありました。

戦争に日本は負けるのではないか、と懸念すると「そういうことを言うやつがいるから敗けるんだ[*8]」と、負けるという言葉を発することが、あたかも勝敗に影響を与えるような非難をしていたのです。

日本は戦争に必ず勝つ、この物の見方を共同体に強制するのは明らかに虚構です。

集団の情況（物の見方）と現実は一切関係なく、完全に異なるものだからです。

「そう言う者がいるから負けるんだ」という非難には、つくった虚構が崩れると、現実そのものも暗転するような、虚構にすがる、依存する感覚があるのです。

なぜ人や集団、大衆はつくられた虚構に次第に依存していくのでしょうか。

行動を始めたきっかけが「ある虚構」ならば、行動を正当化するために、その虚構が正しいことを自ら主張する必要にせまられるからです。

不慣れな道を、地図やナビの矢印を根拠にして進むとき、次第に道が怪しくなったら、その人が自分の行動を正当化するには「地図にそう書いてあった」「ナビがこの方向を示したんだ」となるのではないでしょうか。

会議であれば「みんなが賛成したから可決したんだ!」「みんなが戦争に勝てると言ったから始めてしまったんだ」などの言葉になるでしょう。

これは日本の情況倫理による典型的な意思決定の形です。

みんなが同じ物の見方を共有すれば、それが正しい方向だと考えてしまう。

一方で、現実が虚構と食い違い始めると、「私はあのとき反対したんだ」などと言い始める人も当然出てきます。

しかし、ここで振り返りたいのは、重要な議題を決断するために、「みんなが考えていた方向」以外のことを本当に検討したか否かです。

科学的な分析はしたのか、物量、数量、勢力差などの数字は比較したのか。

どのような論理や根拠があって、会議の参加者は賛成または反対をしているのか。

みんなで固めた「物の見方（情況）」と違う現実が出現したとき、集団の物の見方をさらに拘束するのではなく、正しい現実の把握が打開の第一歩のはずです。

しかし、甘い夢を見る愚かなリーダー、心の弱い者は虚構に最後までしがみつきます。

そのような者たちは、虚構ではなく現実を知った者を、弾圧して叩きまくるのです。

誰かが空気を醸成して、その結果みんなが同じ物の見方に染められたなら、最重要の決断の根拠さえ、「みんなが賛成したから」以外の理由がなくなります。

表現を換えるなら、「決断の根拠はみんなで共有した虚構です」という意味です。

これが空気による集団の操作であり、虚構に依存した人たちの末路なのです。

まとめ

支配者側にとって、空気は人を動かす装置となる。虚構を生み出すことで支配者側にとって不都合な事実を隠し、大衆を操作することができる。一方で、虚構は不都合な現実を無視させる圧力になるため、虚構にしがみつくほど、さらに大きな破綻が最後に待っている。

空気の正体

20 日本人は「劇場化」を好み、それにより破滅する

虚構で大衆を操るための「劇場化」

『「空気」の研究』には、「劇場という小世界」という言葉が出てきます。
これは、外界と遮断された特殊な世界、虚構を共有する場を意味します。

……………………

舞台とは、周囲を完全に遮断することによって成立する一つの世界、一つの情況論理の場の設定であり、その設定のもとに人びとは演技し、それが演技であることを、演出者と観客の間で隠すことによって、一つの真実が表現されている。[*9]

カラスを白いと決定し、その物の見方（情況）を保持するムラをつくり上げて、外界と

情報遮断する。すると、ムラでは「カラスは白い」という虚構を真実と設定して人々は演技をしながら生活するのです。

一方で山本氏は「虚構こそが人を動かす力となる」とも指摘しました。

最大の問題は、虚構が人を動かす方向が、正しいか間違っているかの点です。

そして劇場の中で共有している虚構は、観客が劇場の外に気付いた瞬間に崩壊します。

今の日本も実際は「鎖国」で情報統制されている!?

山本氏は、劇場化の影響力について次のように述べています。

> 対象を臨在感的に把握している観客との間で〝空気〟を醸成し、全体空気拘束主義的に人びとを別世界に移すというその世界が、人に影響を与え、その人たちを動かす「力」になることは否定できない。[*10]

右の文は、本書で定義してきた要素を基に、次のように解釈できます。

対象を感情的に把握させ、感情が現実だという感覚を持つ人々との間で前提を醸成し、その前提に拘束された別世界に人々を移すというその劇場が、人を動かす「力」になることは否定できない。

この支配の問題は、すべての集団が「劇場のような閉鎖性」を持つ必要があることです。

全日本をこの秩序でおおうつもりなら、必然的に鎖国とならざるを得ないという点である。鎖国は最近ではいろいろと論じられているが、その最大の眼目は、情報統制であり、この点では現在の日本と、基本的には差はない。[*11]

つまり、劇場型支配を維持するには、すべての情報を遮断して「情報統制」をしなければならない。鎖国はその究極の形ですが、山本氏は現在の日本も同じだと指摘します。

劇場化の4つの最弱点とは？

山本氏は、劇場化の影響力について次のように述べています。

このような方法に基づく決定が、その最弱点を露呈する部分が、おそらく外来思想、外交、軍事、科学的思考、すなわち鎖国が排除した部分なのである。[*12]

……………

空気による支配の4つの最弱点

①外来思想
②外交
③軍事
④科学的思考

なぜ、この4つが劇場化による最も大きな弱点となるのでしょうか。

理由は、4つが本来「現実に触れる」ことで成立するものだからでしょう。

「①外来思想」は日本の慣習とは異なり、支配層が作成した前提とは異なる前提をムラの中に持ち込む可能性があります。ちょうど外来種の生物が日本に上陸するようにです。すると、「劇場のような閉鎖性」が崩れて、隠しておきたい現実が見える可能性が出てきます（山本氏は、鎖国時のキリスト教についてこの点に触れています）。

「②外交」も、健全な形で行うには、本来は相手国や国際情勢の現実を知る必要があります。しかし巨大なムラとしての日本国が、国民に伝えてきた虚構と、国際社会や相手国の現実が異なる場合も当然出てきてしまいます。

「③軍事」は、戦争がむき出しの現実の上で衝突する闘争であることは当然のことです。戦争では、虚構ではなく現実を精密に知る側が、それだけ有利なのは明白です。

日本では科学にも、「情況（物の見方）」が影響を与えるとすでにご説明しました。ムラの都合に合わせて、科学的データも解釈の方法を捻じ曲げてしまうからです。

「④科学的思考」は、本来は現実を捉えるための論法です。しかし日本の情況論理は逆に、現実を隠蔽して虚構で支配するため、科学的思考と真逆の対応が頻繁に起こるのです。

虚構による外交が、破綻の呼び水である理由

ムラを虚構で支配したまま、ムラの外の相手国との外交を行うにはどうするか。外交の決定に都合の悪い情報を、ムラ人である日本国民に伝えないように相手国にお願いして、自国も情報統制して国民を現実から隔離してことを運ぶのです。

……

いわば相手と一つの関係を樹立しようと思うなら、まず相互に隠し合いをしなければ

劇場型支配の危険性

●虚構の劇場化とは？

カラスを白いと決め、その物の見方（情況）をするムラをつくって情報統制をする。すると、そのムラでは「カラスは白い」という虚構を真実として人々は生活する。

↓

虚構による4つの最弱点

1 外来思想	2 外交
3 軍事	4 科学的思考

4つが最弱点となるのは、これらが本来「現実に触れる」ことで成立するものだから

外と断絶したまま、内で情報統制を行うのは破綻の呼び水。これは、かつて日本が戦争へと突き進んだ道と同じ

ば、「真実」の関係は成り立たないという発想である。だがこの状態になると、情報の統制のため本当の外交は存在しなくなる[*13]

それは結局、形を変えた一種の断絶状態に落ち込む。それは戦争勃発までに日本が歩いた道だが、おそらく今も同じ道を歩んでいるであろう[*14]

なぜ、相手国との「父と子の隠し合い」による外交が断絶状態であり、日本を戦争にまで歩ませた道なのでしょうか。

虚構を続けるために相手に情報隠蔽をお願いし、日本人には情報統制をする。するとムラの内側である国内の人間は、外交でも相手国の現実を一切知ることがありません。本来、ムラの外との接触であるはずの外交でさえ「虚構」が続くのです。

国民は外界との断絶状態のまま、外の現実である外交の交渉が進められます。工場での危険な作業を、労働者に「安全です」と教えれば、重大な事故が起きる可能性は飛躍的に高まります。虚構はムラの中を支配するだけの力しか持たず、虚構では制御できない現実の状況を、一切教えない劇場型支配の危険性はここにあるのです。

劇場を信じ続けた者は、現実の戦場では生き残れなかった

山本氏は、『ある異常体験者の偏見』という書籍で、劇場のような日本的世界観と、冷酷な戦場は真逆だと指摘しています。

戦場で、「なるほど『事実』と『判断』とは無関係だ」と悟らざるを得なくなって、今度はまた、「哲学などというものは、明けても暮れても異民族と戦争をしていた民族が生み出したのではないか」という妙な妄想にとりつかれるようになった。[*15]

……………………

戦場では、前提が役立たないので、日本人にとって世界は信じられなくなるのです。

……………………

われわれは「女の人が来た」という。これに対して、「いやその言葉は正しくない。君が見たのは一つの形象であり、『女の人』というのは君の判断にすぎない。相手は女装した男性かも知れぬ。君がどう判断しようと相手の実体はそれと関係なく存在する。[*16]

山本氏は、戦地から日本に帰国する船の中を思い出し、次のように述懐しています。

当時船倉にいた者はみな、自分の判断と客観的な事実とは別だということを否応なしに叩き込まれた者であったことだろう。哲学者はいなかったであろうが、一方的断定を事実にしてしまうものは、すでにこの世にいなかった。[*17]

私たちがどう判断しようと、現実はそれと一切関係なく存在しています。

劇場とは、ムラ人全員に同じ物の見方を強制して「虚構」をつくり上げることです。

しかし、虚構の劇場は、外の現実に触れる場所では悲劇的なほど簡単に破綻します。

「みんなが考えているという虚構」と現実とのギャップを受け入れない者、現実を無視する者は、前提のない世界である戦場で、一人も生き残ることができなかったのです。

まとめ

あらゆる前提（空気）を押し付ける力には限界がある。そのため、限度ある力で空気が効力を発揮するには、劇場のような閉鎖空間が必要になる。空気の支配を打ち破るには、この閉鎖的な劇場の破壊が重要なポイントになる。

21 日本的な会議は多数決原理をわざと誤用する

なぜ会議室と飲み屋では意見が変わるのか

重要な会議が空気に支配され、議論が拘束されたらどうなってしまうのでしょうか。

日本における「会議」なるものの実態を探れば、小むずかしい説明の必要はないであろう。たとえば、ある会議であることが決定される。そして散会する。各人は三々五々、飲み屋などに行く。そこでいまの決定についての「議場の空気」がなくなって「飲み屋の空気」になった状態での文字通りのフリートーキングがはじまる。*18

山本氏は、空気に支配された場での多数決と、空気のない飲み屋で自由に議論された末の多数決では、まったく違う結果になるのではと指摘しています。

会議が空気（前提）で支配されると、一つのテーマに対して本来検討されるべき、マイナス面（あるいはプラス面）を意図的に無視させる圧力につながります。

結果、どんな間違った結論でも、会議の多数決に通ってしまうことになるのです。

多数決原理をわざと誤用する、日本の会議システム

多数決による決定は、本来は議題を相対的に判断することを求めています。

多数決原理の基本は、人間それ自体を対立概念で把握し、各人のうちなる対立という「質」を、「数」という量にして表現するという決定方法にすぎない。日本には「多数が正しいとはいえない」などという言葉があるが、この言葉自体が、多数決原理への無知から来たものであろう。[*19]

多数決の理由は、議題に「賛成できる部分」と「反対されるべき部分」の両面が確実に含まれていることです。だからこそ、「賛成多数の側」が正しく、少数側が間違っている

と捉えること自体が誤りです。

ところが、空気（前提）の支配はプラス・マイナスのどちらか一方の側面だけを取り上げ、逆側は無視させる圧力を発生させます。空気は多数決原理を破壊して、相対化の機能を絶対化に転じる、壊滅的な影響力を発揮してしまうのです。

多数決原理で決定が行なわれる社会では、その決定の場における「空気の支配」は、まさに致命的になるからである。そして致命的になった類例なら、今まであげてきたように、日本には、いくらでもある。[*20]

日本の歴史には、「空気により無視させた」都合の悪い部分があとから悲惨な失敗を招いた例が無数に存在しています。空気に支配された会議では、本来の機能を破壊された形で多数決が悪用されるのです。

賛成で可決されても、問題のマイナス面は消えない

空気に拘束された日本の会議は、もう一つの非常に大きな危険性を生み出しています。

「多数決で決まったのだから」と、議論で指摘されたマイナス面、反対されるべき部分をすべて無視していいという、免罪符的な勘違いの主張があることです。

会議の中で、形式的にでもマイナス面を含めた相対化の議論がされたにもかかわらず、多数決で自分たちの意見が通ると「マイナス面を無視してOK」という認可をもらったと錯覚しているような行動が、日本の組織ではよくあります。

多数決に通ると「みんなで決めたことだぞ！」の一言で、一切のリスクを無視して強行できる、まるで免罪符のように多数決の結果を振り回し始めるのです。

このような場合、賛成多数になったことで「そのリスクは消すことができたのか？」まず確認をすべきでしょう。

多数決が機能する原則は、議論と実行の両面における「相対化」です。

賛成多数であっても、問題のマイナス部分が消えるわけではありません。

可決された場合でも、マイナス面を無視せず、マイナス面を考慮して、必要な対策を取りながら前に進むことが正解なのです。

多数決で決まったからマイナス面を無視していいと主張するのは、多数決の基本的な条件を無視している完全な悪用です。それは空気を絶対化するための詐欺なのです。

日本で多数決原理を健全に活用する二つの対策

多数決という議決方法を日本で有効にしようと考えるなら、次の二つの対策が必須となるでしょう。これを義務付けないと多数決は日本では健全に機能しません。

①議題のプラス・マイナスの二つの側面を必ず論じる時間を設ける
②多数決が通っても、指摘を受けたマイナス部分を無視せず対策を確実に行う

二つの対策が求めているのは、議論されている命題を「相対的に扱う」姿勢です。
山本氏は、中東や西欧諸国が歴史の中で周辺の各国や異民族と衝突を繰り返した結果、次のような、空気に拘束されない思考を生み出したとしています。

……………

対象をも自らをも対立概念で把握することによって虚構化を防ぎ、またそれによって対象に支配されず、対象から独立して逆に対象を支配するという生き方を生んだ[*21]

多数決で賛成可決された問題も、可決されたからマイナスの要素が現実から消えたわけではありません。参加者の頭の中からマイナスの要素の検討意識が消えただけです。プラス・マイナスをともに認識すべき多数決も、日本では結果のみを絶対化しがちです。

これが日本での多数決原理の最大の誤用・悪用であり、悲劇を生み出す元凶です。

会議を空気に拘束させず、多数決原理を健全に生かすには、多数決と会議が機能する条件を周知させた上で実施されるべきなのです。マイナス面を無視させる圧力として多数決を悪用させず、相対化の原則を順守すべきでしょう。

まとめ

多数決とは、議題にプラスの面とマイナスの面の両方が必ず含まれていることを意味する。賛成多数でも、議題のマイナス面が消えるわけではない。空気の支配が横行する日本では、賛成多数を、マイナス面を無視していい免罪符だと勘違いした主張が多い。

22 「解放の力」がいずれ未来を拘束する

日本には「二つの自由」がある

『「空気」の研究』の第2章で山本氏は、「譲れる自由」と「譲れない自由」という不思議な言葉を取り上げています。これまでの議論から、二つは次のように整理できるでしょう。

支配者側からの自由の分類

① **譲れる自由**（大衆に許可できる自由）＝空気支配を崩壊させない範囲の自由

② **譲れない自由**（大衆に許可できない自由）＝空気支配を崩壊させる自由

空気で支配する側は、自分たちの前提を崩壊させる自由には、すぐに否定的なイメージをマスコミや大衆を使って構築させ、非難の空気をつくり出して潰します。

これを「プレスコード」と呼ぶ人もいるでしょう。ある前提にとって不都合な情報は、メディアで一切報道させない圧力をかけ続けているのです。

一方で、支配者の醸成した空気に沿った議論や行動はどんどん加速させて、いかにも自由に振る舞うことができるかのような〝錯覚を抱かせる〟のです。

シンプルな言葉を使えば、これはすなわち虚構の自由です。

虚構で人々を支配する日本では、自由さえ虚構となり日本国民を欺いているのです。

解放の力は、いずれ未来を拘束する存在となる

なだいなだ氏は『民族という名の宗教』で明治維新を次のように語っています。

> 国の指導者たちは、これまでの藩の殿様も、殿様に属していた農業奴隷に近かった農民も、一人の国民だという国家のイメージを作ったのだから革命的だね。国家は下のものには、なかなか魅力のあるものに映った（中略）、国家の方が藩よりいい。自分たちの解放につながる。[*22]

敗戦による日本軍の崩壊と民主主義の導入にも、明治維新と同じ要素がありました。平等と解放、過去の偶像を破壊して新たな偶像に帰依させる力が発揮されたのです。山本氏は、『「空気」の研究』で次のように語っています。

明治の日本をつくりあげたプラスの「何かの力」はおそらくそれを壊滅させたマイナスの「何かの力」と同じものであり、戦後の日本に〝奇跡の復興〟をもたらした「何かの力」は、おそらくそれを壊滅さす力をもつ「何かの力」のはずである。*23

「何かの力」を本書では、〝こう考えるべし〟というある種の前提を押し付けることであると定義しました。その上で、山本氏の右の言葉は次のように解釈ができます。

明治の日本は、過去の権力を悪と規定し、新しい権力に人々を帰依させた。その時に使われた偶像（シンボル）は、古い拘束を破壊して新しい拘束に日本人を縛った。解放をもたらした時期には日本は飛躍し、明治の拘束が時代に合わなくなったときに、昭和の悲劇、日本の国家としての大敗北を生み出した。

これは戦後の日本でも同様でしょう。

軍事国家だった日本と、日本軍を崩壊させたアメリカと米軍。彼らは過去の拘束を打破して解放をもたらし、新たなシンボルに日本人を帰依させました。

戦前を悪、戦後を善と規定した力は、敗戦からしばらくは日本人を解放して繁栄をもたらし、その拘束が時代に合わなくなると、やがて戦後という時代を崩壊させる力になるのです。過去から解放した力こそが、未来には時代遅れの拘束に変質するからです。

「日本スゴイ論」が破滅への道である理由

『「空気」の研究』は、日本社会全体が空気で大きく動いた時代を3つ挙げています。

①明治維新後（文明開化の絶対化）
②太平洋戦争時（戦争遂行の絶対化）
③敗戦後の経済復興期（戦争放棄・経済成長の絶対化）

3つの大転換点を見ると、一つの推測ができます。真実が「内にあるか、外にあるか」

どちらに設定されるかで、悲劇か飛躍かの分岐点が生まれることです。

明治維新後には、文明開化（西欧文明の導入）が非常に強い絶対善となりました。福澤諭吉やその他、海外に出て西洋の実際を冷静に分析した先達の著作や意見も、広く日本社会に受け入れられました。

その結果、日本人のアイデンティティ（自我）を保持したまま、西洋のプラスの側面を全面的に吸収することで日本社会は近代化に成功したのです。

敗戦後の経済成長も同じく、日本社会、日本人が「外に真実がある」と考えながら空気に従っていたことが勝因だと考えられるのです。


一方で、太平洋戦争に突入した前後には、「日本は神の国」「日本スゴイ論」が洪水のようにプロパガンダとして流されました。氾濫させた情報の基本的な視点は「日本は世界一」「日本は他国に優越している」[*24]です。

真実が内にあるとして空気が醸成されると、その空気を強化する方向でしか情報が流せなくなります。閉じられたムラと世界の現実が加速度的に乖離を深めていき、国家の完全な破綻という悲惨な敗戦を１９４５年に迎えることになりました。

日本しか知らないことは、日本をまったく知らないことである

ビル・エモットは『日はまた沈む』『日はまた昇る』など、日本でもベストセラーとなった著作を持つイギリスの日本研究家です。また、ピーター・タスカも、著名なマーケットアナリストにして、日本研究の書籍をいくつも出している人物です。

二人が対談した『日本の選択』という書籍には、真実が自分の内側にだけあると信じると、自分と現実の両方を見失っていく構造が、示唆的な形で指摘されています。

日本しか知らないということは、日本をまったく知らないということである。

おおかたのジャパン・ウォッチャーの問題点は、日本を理解することに時間をかけすぎて、ほかの国をないがしろにするという点にある。その結果、より深い時間的空間的な理解によってあきらかになるはずの世界的な共通性を欠落させ、日本の特殊性と例外性ばかりを強調することになる。[*25]

日本以外を知らないと、比較検討で日本を相対化できず、結果としてさまざまな出来事

や事実を、客観性を持って正しく把握することができないのです。

日本という言葉を他の言葉に変えてみると、興味深い気付きを与えてくれます。


「自社しか知らないということは、自社をまったく知らないことである」

「社内しか知らないということは、社内をまったく知らないことである」

「国内市場しか知らないということは、国内市場をまったく知らないことである」


比較検討しなければ、日本の生産性のレベルも、貧富のレベルも当然わかりません。

世界各国と比較する、海外を知りその共通点や相違点を知ろうとすることが、結果として日本を相対的に知ることになり、正確に日本を理解することになるのです。

幕末から明治維新にかけての日本、そして戦後経済復興期の日本の共通点。

二つの時代、日本は外に目を向けて自己を正しく把握することができたのです。

日本では「ムラの外」を知ることが優位性をもたらす

日本社会のムラ、閉鎖された劇場化、情報統制、本当のことを大衆に教えない支配者など。これまで述べてきたことを逆に見ると、次のことが言えます。

日本ではムラの外を知ることが、権力や富、支配力の源泉となる。

これは歴史上の人物、過去150年間の起業家たちを見ても明らかでしょう。日本の外に通じて、世界で起こっている変化とのギャップを利用できる者が、起業に成功し、ビジネスを発展させ、国民を操る支配力を得てきたのです。

この理由は主に二つ考えることができます。

一つは、日本が島国で情報統制を行うことが容易であったこと、ならびに歴史を通じて、文化・技術輸入国としての作法を身に付けていたこと。

遣唐使・遣隋使などは、支配層からすれば、最新の情報や技術を独占的に獲得し、それを閉じられた劇場である日本の中で行使できることを意味しました。

二つ目は、日本が比較的大きな島国であり、大陸と適度な距離があり、文化的な進化とマーケットや独自の文化圏として存在するだけの規模を持っていたことです。

箱庭のように閉鎖されていても、独自の文化圏を生み出すだけの規模がなければ、内外差を利用した支配、利益などのうまみがありません。

日本には必要な人口があり、（過去は）情報統制で支配する妙味があったのです。

この点から、日本人が外に目を向けて、世界に真実があると考えた時代が、過去150年間での2回の飛躍を支えた理由もわかります。内外差が極めて大きくなり、そのギャップがさまざまなひらめきにつながったからです。

土佐藩の坂本龍馬は、藩の方針に反する自らの信念のために脱藩しています。龍馬はその後、明治維新の立役者の一人となりますが、ムラの前提に拘束される日本社会では、自分の信念や善悪、倫理基準を貫くとき、脱藩が必要なのです。

ムラから飛び出す日本人は、一定の割合で歴史や社会に大きな足跡を残します。彼らは、その時代の多数派が試さないことに挑戦する気概と能力があるからです。

ムラの外に出ること、虚構の外側を知ることは飛躍や成功の大きな足掛かりとなる。

日本の外に目を向けて、直接情報を海外から取得する。

内外差が大きくなるほど、ムラの外に出た者、虚構の劇場の外を知る者が有利になる。

日本の歴史からも、私たちは再び世界に目を向ける時代を迎えているのです。

まとめ

空気に支配されても、真実が「日本の外」にあると考えるとき、日本は常に飛躍を成し遂げてきた。日本の外を知ることは、日本を正しく理解することであり、日本では虚構の外側を知ることが、あらゆる優位をもたらす力となる。

第7章

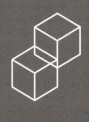

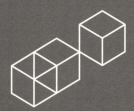

どうすれば空気を破壊できるのか？

巨大な圧力に抵抗する4つの方法

23 空気を「4つの起点」で打破する

山本氏が指摘する、4つの起点とは？

『「空気」の研究』では完全に整理されていませんが、同書で指摘されている空気を破壊するための4つの起点をまとめてみましょう。

空気打破の4つの起点

①空気の相対化
②閉鎖された劇場の破壊
③空気を断ち切る思考の自由
④流れに対抗する根本主義《ファンダメンタリズム》

この4つをそれぞれ順に解説していきます。

①空気の相対化——隠れた前提を見抜け

空気とはすなわち前提です。山本氏は、まず空気を相対化せよとしています。

……まず最初に空気を対立概念で把握する〝空気《プネウマ》の相対化〟が要請されるはずである。[*1]

「空気の相対化」というのは、少しイメージするのが難しいかもしれません。例として、次の文章を相対化してみましょう。

（例文）「水不足のため、この地域では新たなダムの建設が必要とされている」

この文章には、隠れた前提が複数あります。例えば、水不足が本当であるか否か、また仮に水不足だとしても、その解決策がダム建設で本当に正しいのかなどが挙げられます。しかし、水不足だと判断する条件が不明な上に、事実の確認はなされていません。また、水不足を解消できる、「他の選択肢」を一切無視した前提だと言えます。

AならばBである、という前提は、二つの基本的なポイントに疑問を持つべきです。

疑問①「本当に現状はAなのか？」

疑問②「Aの場合でも、B以外の選択肢もあるのでは？」

先の文章は、成立条件を明示しないのに、隠れた前提が絶対化されているのです。

空気の相対化は、歴史を学び、歴史観的に物事を判断することでも養われます。

歴史上、AならばBであると一時的に絶対視されたことが、時代の変化で、あっけなく覆っていることが多々あるからです。

「あっけなく覆る」「みんなが一時的に正しいと盲信したことが、実は大きな間違いだった」事例を、数多く学ぶほど、前提を相対化する思考が身に付きます。

この世界に溢れている、あらゆる前提を健全に疑う習慣を身に付けることです。○○はAである、といかにも当然のように提示される前提が実際に真実であるか否かを、その前提が成立する条件、しない条件を基に常に考えるべきなのです。

②閉鎖された劇場の破壊——外の光を入れるか、自ら外に出るか

空気が醸成され、強力な同調圧力となるには、閉鎖された劇場の要素が不可欠です。多くの人を一つの情況（物の見方）に閉じ込めても、力には必ず限界があるからです。

学校のいじめの問題は、クラスという閉鎖空間と固定された人間関係が重要な引き金の一つとなっています。

また近年、スポーツ界でのセクハラ、パワハラ事件が相次ぎ、大きく報道されています。これもコーチや上層部が権力を握り、選手の選考などに大きな影響を持ちながら、閉鎖的なネットワークで機能していることが問題を大きくしています。

このような場合、対処は大きく二つあるでしょう。

一つは、閉鎖された劇場の扉を開けて、外の光を劇場の中に差し入れる。これにより、閉鎖された場が白日の下にさらされることになり、空気の支配を崩壊させる。

二つ目は、自らが閉鎖された場を見限り、そこから出て新天地を目指すことです。

書籍『いじめの構造』には、いじめ発生の構造に着目した対策が提示されています。[*2]

①学校の法化

加害者が生徒である場合も教員である場合も等しく、暴力系のいじめに対しては学校内治外法権（聖域としての無法特権）を廃し、通常の市民社会と同じ基準で、法にゆだねる。その上で、加害者のメンバーシップを停止する。

②学級制度の廃止

コミュニケーションを操作するようないじめに対しては、学級制度を廃止する。

一つ目の「学校の法化」とは、学校内を聖域化せずに、暴力には警察を呼ぶことを当たり前にすることです。こうすることで、加害生徒が教室の閉鎖性を悪用して「自分たちに都合のいい前提」を構築して支配させないようにする。

加害者が生徒であれ教員であれ、暴力に対しては警察を呼ぶのがあたりまえの場所であれば、「これ以上やると警察だ」の一言で、（利害計算の値が変わって）暴力によるいじめは確実に止まる（中略）、いじめは基本的に「やっても大丈夫」「やったほうがむしろ得だ」という利害構造に支えられて蔓延し、エスカレートしているからである。[*3]

2番目の「学級制度の廃止」は、クラスという単位で同じ人間関係を長期間強制される仕組みを変えることで、いじめの発生する根源的な構造を破壊することです。

学級や学校への囲い込みを廃止し、出会いに関する広い選択肢と十分なアクセス可能性を有する生活圏で、若い人たちが自由に交友関係を試行錯誤できるのであれば、「しかと」で他人を苦しませるということ自体が存在できなくなる。[*4]

『いじめの構造』を書いた内藤氏は、大学の教室では「しかと」をする者は、単純に相手から付き合ってもらえなくなるだけだ、と指摘しています。嫌な相手から去る自由がある場だからです。

前提に従わない者への同調圧力には、必ず範囲の限界があります。あらゆる劇場には外側があることを私たちは常に理解し、外の光を入れるか、劇場を見限るべきなのです。

③空気を断ち切る思考の自由――過去の延長線上で考えない

空気＝前提とは、ある種のしがらみであることもあります。

多くの知識や、過去の経緯などへの理解が、思考の自由を妨げるのです。ある意味で前提となる古い知識や体験が、創造的な発想や選択を不可能にしてしまう。

このような拘束は、累積した人間関係でも生み出されます。関係者が多いプロジェクトほど、失敗が明確になっても撤退が難しい「空気」を生んでしまうのです。

一方で、山本氏は本当の創造について次のように語っています。

………………

あらゆる拘束を自らの意志で断ち切った「思考の自由」と、それに基づく模索だけである。——まず〝空気〟から脱却し、通常性的規範から脱し、「自由」になること。[*5]

………………

創造的な発想や選択は、拘束としての前提もしくは「水」としての通常性からは生まれません。これらは、過去の延長線上に、思考を閉じ込めるからです。

そのため、前提による思考の拘束を消すため、まったくしがらみのない第三者ならば、現状をどう考えるかをイメージすることも効果的です。

………………

僕らがお払い箱になって、取締役会が新しいＣＥＯを連れてきたら、そいつは何をするだろう？[*6]

右の言葉は、インテルのCEO、アンディ・グローブが、競争力を失った半導体メモリ市場から撤退を決断するとき、自ら掲げた問いです。

インテルはメモリ生産にすでに膨大な投資をしていました。そのため、過去の経緯という前提に縛られ続けたら、撤退がさらに遅れて致命傷になっていたかもしれません。

グローブは、空気の拘束を消す問いをつくり、適切な決断を促すことができたのです。

④流れに対抗する根本主義《ファンダメンタリズム》——最も譲れないことは何か？

③は空気＝前提をできる限り排除した形で考えることでした。

一方で、排除できない前提に対して、打破する力を強化することで突破することも、山本氏は提示しています。

『「空気」の研究』第3章では、「根本主義《ファンダメンタリズム》」というキーワードが頻繁に出てきます。詳しくは次項で解説しますが、これは共同体、集団、民族の最も譲れない原点を基に、現状の拘束に対抗することを意味します。

15世紀に行われた宗教改革では、世俗の権力すら握っていた教皇の権威に、「聖書」を基に抵抗したマルティン・ルターなどが有名です。

空気打破の4つの起点

1
空気の相対化

「AならばBである」という
前提を相対化する

- ➡本当に現状はAか?
- ➡Aの場合でも
B以外の選択肢が
あるのでは?

2
閉鎖された劇場の破壊

- ➡劇場に外の
光を入れる
- ➡劇場を見捨てて
新天地を目指す

3
空気を断ち切る思考の自由

- ➡前提・通常性から
離れた
思考・行動をする
- ➡しがらみのない
第三者の視点で
考える

4
流れに対抗する根本主義《ファンダメンタリズム》

- ➡譲れない原点を
再確認する
- ➡大切な原点を基に
思考・行動する

根本主義《ファンダメンタリズム》の利用は、集団の「最も譲れない原点」を基に、ある種の前提や既存の流れを打破する行動なのです。

この根本主義は、個人の人生でも意味を持つ場合があります。

日常では人生を支える多くのものが「どれも大切」に思えます。

しかし、一大事が起きたとき、あなたは何を最も重要なものと考えるか。

仕事が重要でも、健康を失えば二度と職場復帰はできません。何が自分たちにとって一番大切なことか。最も譲ることができない根本は一体何か。

この問いと、それに続く思考と決断は、人生における些末なことを発見して、さまざまな拘束から私たちを解放してくれる効果を発揮するのです。

まとめ

山本氏が触れている空気打破の4つの起点は、①空気の相対化、②閉鎖された劇場の破壊、③空気を断ち切る思考の自由、④流れに対抗する根本主義《ファンダメンタリズム》、である。

24 日本人の根底にあるのは独自の「日本教」

日本人の根源的な思想は、自然思慕の「日本教」である

山本氏が既存の権威や前提に抵抗して、打破する力になるとした根本主義《ファンダメンタリズム》。ここでは山本氏の他の著作から補足しながら、日本の歴史から見た根本主義、空気打破の方法を、発展的に考察してみます。

山本氏は、別名で書いた『日本人とユダヤ人』などの著作で、日本人が一般的な意味での宗教に、日常生活を規制されていないことを指摘しています。

海外のような宗教的戒律、宗教法などが、日本では人の生活に介在していないのです。

では、日本人は何の宗教も持っていないのかという疑問がわきます。

山本氏は、日本人は「日本教」という独自の根本思想を持っていると考えました。同氏の『日本人とユダヤ人』『日本教について』などに詳しいのですが、端的に言えば、日本教は母なる大地という自然思慕の宗教であると指摘しています。

日本では結婚しようとする男女が次のような会話をしても少しも不思議でない。「式は何でやろうか。神式もいいけどキリスト教式もいいね」。なるほどこれで良いはずである。いずれにせよ日本教でなのだから。*7

宗教がちがえば生活のある面の規制がちがってくるのは当然なのだが、日本人の間にはそういった差はない。ミッションスクール出で洗礼をうけたはずの女性が神式で結婚し、仏式で葬式をしても、だれも別にあやしまない（中略）。これは、少なくともその実生活においては、ということは本心では、日本人はみな同一の日本教徒であることを、実際に示している。*8

一神教のような神が支配する世界観ではなく、日本人が「この世界は人間がつくった」という独自の世界観を持っていることを、山本氏は次の言葉で表現しています。

（日本人の世界観として）人の世を作ったものは神でもなければ鬼でもない。やはり向う三軒両隣りにちらちらする唯の人である。唯の人が作った人の世が住みにくいからとて、越す国はあるまい。あれば人でなしの国へ行くばかりだ。人でなしの国は人の世よりも猶《なお》住みにくかろう。[*9]

日本人にとって、根本思想と宗教は別の存在です。宗教は、自らを拘束する規律ではなく、心の安心や社会生活をスムーズにする薬のような存在。この発想が、多宗教を必要なときに部分的に利用する、日本人の不思議な行動の基になっているのでしょう。

「この世をつくったのはただの人」という日本人の根本思想

人の世をつくったのはただの人、という日本人の根本思想は何をもたらしているのでしょうか。あらゆる取り決め（前提）は、自分たちと同じ人がつくったにすぎないという感覚です。

そのため、人間がつくった取り決めに、神聖な絶対性はないと日本人は考えます。

この感覚、意識ゆえ、宗教が人間生活の上に位置することがないのです。

では、なぜ日本人が絶対視するのが、人間関係や共同体との関係性なのでしょうか。日本人にとって、世界は私たちと同じ人がつくり、人間しか存在しない場所だからです。

山本氏は、西欧と対比して次のように指摘しています。

基盤となっている一つの絶対制は、彼らの如き教義（ドグマ）の絶対化でなく、むしろ家族的相互主義に基づく自己および自己所属集団の絶対化とでもいえるものであろう。[*10]

なぜ日本では、家族主義のような発想が重要とされているのでしょうか。

この点は本書の推測ですが、人間は生まれてくる家庭を選べないことが理由ではないかと思われます。家族とは、天与の関係性（つまり強固なもの）と感じているのです。

家族的な感覚の組織運営が過去の日本で意味を持ったのは、契約など人為的なものよりも、天与の関係性である家族・一族という感覚を尊重したからなのでしょう。

世界の宗教と日本教は「反転」している

この日本人の感覚と、類似の指摘をしている書籍があります。

比較宗教社会学者の橋爪大三郎氏と大澤真幸氏の『ふしぎなキリスト教』では、無神論をテーマとした部分で、次のように指摘しています。

日本人の考える無神論は、神に支配されたくないという感情なんです（中略）。それは大多数の人びとの共通感覚だから、もしそれを無神論というなら、日本人は無神論が大好きです。

日本人が神に支配されたくないのは、そのぶん自分の主体性を奪われるから。日本人は主体性が大好きで、努力が大好きで、努力でよりよい結果を実現しようとする。その努力をしない怠け者が大嫌いで、神まかせも大嫌い。と考える人びとなのです。[*11]

山本氏と『日本教の社会学』で対談した小室直樹氏も、次のように述べています。

世界中どこにでもあり、日本だけに存在しないものがあるからである。それが宗教と論理だ。いや言葉をさらに正確にいえば、日本教というネガ宗教が日本を支配しているからだ。[*12]

……………………

ネガとは「反転」という意味です。世界の宗教と日本人の根本思想は反転している。神に支配されたくない日本人。神に支配されないことをよしとする日本教。

これは「人の世をつくったのは私たちと同じただの人」という思想が基になっているのではないでしょうか。そのため、同じ人がつくった前提に縛られることを嫌うのです。

思想を絶対視しないのに、情況に縛られる日本人

日本人は、確固たる思想や主義を持たないと言われることがあります。

しかし、日本人は「思想や主義などの人為的な概念が、絶対的なものでも、神聖なものでもない」という確固たる思想を持っていると理解できます（まさに反転です）。

この世をつくったのはただの人である、という日本人の根本思想。それゆえに、人為的な前提や概念、人がつくる〝思想〟を絶対視・神聖視しないという特徴があります。

日本人は、東西の文化・思想に対して奇妙な「解放者」の側面を常に持っているのです。過去150年を振り返っても、日本が世界と対面した文明開化以降、日本人と日本だけが世界史の中で成し遂げた偉業がいくつもあります。

それらの成果は、日本人の根本思想が、東西の文化が押し広げた「彼らの前提」を健全に疑う、独自の力を持っていた結果ではないでしょうか。日本人の根本思想は、すでに何度も世界のあり方を変える力を発揮しているのです。

では、このような根本思想を持つにもかかわらず、なぜ日本人は空気に支配され、時に狂うのか。理由は主に二つあります。

一つは、思想や主義などにある人為性を嫌う反面、社会変化、時代のトレンドや方向性を、集団の多数派の考え方で判断してしまう傾向があること。一人の人間の意見は「排除すべき人為」でも、集団の多数派を占める意見は「自然発生的なトレンド」と日本人は捉えてしまう。この文化的な思考につけこまれると、空気による大衆扇動が効果的に機能してしまうのです。これは「情況倫理」として山本氏が指摘し、本書でも繰り返し解説してきたとおりです。

二つ目は、言葉や図像に隠れて含まれる前提に、現代までの日本人が無頓着であったことです。さまざまに隠された前提を押し付けられることに警戒心がないことが、過去150年間の日本の、空気支配による幾多の悲劇の引き金になってきたのです。

まとめ

日本人は、この世界は自分たちと同じただの人がつくったという根本思想を持つ。そのため、人間がつくった取り決めに神聖な絶対性を感じない。東西の前提を健全に疑う特別な資質を持つ一方で、日本人はその世界観ゆえに、共同体と情況倫理に支配されやすい。

25 独自性を形づくる「原点」を明確にする

日本の根本主義とは何か？

山本氏は『「空気」の研究』の第3章で「日本的根本主義《ファンダメンタリズム》について」として、根本主義《ファンダメンタリズム》を掘り下げています。

根本主義《ファンダメンタリズム》とは何なのか。これは日本人にとって最も理解しにくく、従って「目をつむって避けてしまう」プロテスタントの一面であり、そのため根本主義《ファンダメンタリズム》についての解説書はおそらく日本には皆無であろう。*13

同書では、根本主義《ファンダメンタリズム》の明確な定義には触れていません。「原点に帰れ」という発想、聖書を絶対の権威として宗教改革を行ったなどが紹介されているのみです。

歴史の教科書で習うピルグリムファーザーズは、イギリスで宗教的な弾圧を受けた一派であり、迫害を逃れるため1620年に新大陸（アメリカ）を目指しました。

その100年近く前に、宗教改革期のオランダで、のちのピルグリムファーザーズにつながるアナバプテスト派が行った急進的革命なども、山本氏は紹介しています。

集団の理想を守ろうとする情熱が変革の原動力となる

そもそも、なぜ空気支配からの脱却に、根本主義《ファンダメンタリズム》が必要なのでしょうか。

時代の転換点で変革を行うとき、集団の原点回帰が目の前の状況に流されることを防ぎ、革新のエネルギーとなるからです。


自分の子孫が彼らのピューリタニズムを失うかもしれぬという恐れ（その子弟にはオランダ軍の傭兵になる者すらいた）、彼らの記述を借りれば「世俗の大海にかこまれた信仰の一孤島」がオランダという「世俗世界」に埋没し消滅するかもしれぬという恐れが、彼らの新大陸への脱出の最大の動機であったことは記録に残っている。*14

理想を追求した急進的な革命から100年。欧州では自分たちの理想を守れないと考えたことが、ピルグリムファーザーズを新大陸アメリカへ飛び出させたのです。変革が必要なとき、原点こそが危機を乗り越える新たな力を発現させるのです。

根本の再確認は「集団の譲れぬ一点」を見出させる

改革とは実に不思議なことで、改革しようとする者は、千五百年の伝統を跳び越えて、その起源である聖書を絶対化するという、一種の超保守主義になり、同時にこれが改革を生むという、奇妙な関係を生ずるからである。[*15]

一つの一元的合理性を徹底的に追求させている原動力が、実は、最も非合理的な原初的な一つの力であり、この力を失えば合理性の追求は消え、この力が絶対化されればやはり合理性は消える。そしてその力は新しいものでなくむしろ最も保守的な伝統にある[*16]

非合理とは、「他者と異なる自ら」と捉えてもいいでしょう。「この力が絶対化されればやはり合理性は消える」とは、自らという個性を、外的環境を無視して絶対化すれば、追求すべき合理性も消えてしまうという意味に理解できます。
非合理を基に一歩を踏み出した例として、山本氏が紹介した二つを挙げておきます。

①ピルグリムファーザーズ

大西洋の厳しい航海をものともせず、新大陸アメリカに渡ったピルグリムファーザーズは、合理科学的な要望ではなく、自分たちの信じる宗教宗派が欧州では迫害され、その生き方を守れなくなりつつあったからこそ新大陸に命を懸けて出帆した。

②宣教師ヨワン・シローテ

江戸時代に宣教師として日本に密入国したシローテ。欧州の先進的な科学知識と世界情勢の認識ではなく、彼自身が熱狂的に信じるキリシタンの教えこそが、彼を遠方の地、日本への布教に飛び込ませる原動力となった。

根本主義《ファンダメンタリズム》（原点回帰）を基に危機に立ち向かうことは、一番簡単な道を選ぶことではありません。最新の現状認識と、自らの原点を組み合わせた変革へ進むことなのです。

アップル社員に原点を浸透させた「シンク・ディファレント」

原点回帰は、イノベーションの力を維持する目的にも効果を発揮します。

ハーバード・ビジネス・スクールの教授クレイトン・クリステンセンの著作『イノベーションのDNA』では、アップルの創業者スティーブ・ジョブズが紹介されています。

ジョブズは、エミー賞を獲得した「シンク・ディファレント」広告キャンペーンを行いました。世界中にいる、多彩なイノベーターたちを鼓舞するメッセージです。

世界中で愛されたこの言葉は、実はアップル社員にも向けられていました。

『シンク・ディファレント』キャンペーンを打とうと思った究極の理由は、アップルが何を背負って立つのかを、社員を含め、誰もが忘れてしまったからだ[*17]（ジョブズの言葉）

ジョブズは「われわれが何を背負って立つのか、どんな価値観をもっているか」を社員に伝えなくてはいけないと考えました。その考察がこの言葉につながったのです。

相手を知りたいときはこう尋ねればいい。『きみのヒーローはだれか？』どんな人をヒーローと崇めているかで、いろいろなことがわかる。だからこういった。『そうだ、われわれのヒーローについて語ろう』と[18]

原点とは活力であり、未来を独自の視点から読み解くことであり、集団のユニークな立場への誇りと自信なのです。これらの力は、集団独自の立ち位置から、世界の問題を解決する、世界に新しい価値や提案を投げ込むなどの行動を加速させます。

ジョブズはアップルの革新性を取り戻すために、全社員にメッセージを伝える必要があることを知っていた。「われわれのヒーローはイノベータだ。われわれが背負って立つのはイノベーションだ。世界を変えることを願う、イノベータだけが、アップルで働くことを許されるのだ[19]」

原点、根本主義《ファンダメンタリズム》は、目の前の前提という空気の拘束を超える情熱を集団内に生み出します。ヒーローとはその体現者であり、空気を打破する理想と革新の象徴なのです。

原点の明確化が空気を打破する最強の力となる

個性という非合理、創業理念という非合理。原点としてのあなた。独自のこだわりゆえに他とは違うハードルを設定して、異なる形で合理性の追求に到達するのです。

変革のあり方について、山本氏はこう指摘しています。

何かを「改革しよう」という意志が出てきた際、それが今まで〝進歩〟と考えられていた行き方を否定し、いわばそれまでの「ベスト・アンド・ブライテスト」を否定して[*20]

ベスト・アンド・ブライテストの否定とは、既存の前提を基にしたベスト、ブライテストの否定でしょう。既存の前提を基にした発想や行動は、変革を生まないのです。

多くのビジネス業界には、人気商品ランキングがあります。

では、人気ランキングの上位にある商品を真似て、あらゆる企業が新製品を企画したらどうなるのでしょうか。当然ながら、同種の製品が氾濫してすぐに売れなくなるでしょう。

目の前の正解ばかりに飛びつけば、やがてどこかで問題解決ができなくなるのです。
そのようなときこそ、原点から未来を眺めて独自の挑戦に着手すべきときです。

本田技研工業は、1986年から小型ジェット機の研究に着手し、現在では小型飛行機カテゴリーで高い人気を誇る製品を出しています。飛行機の製造は創業以来の夢であり、同社のエンブレムの翼にも象徴されていました。開発の合言葉は「自由な移動の喜び」「ホンダがつくるならこれまでにないものを」であり、その想いが高い評価へつながりました。

原点回帰は、他社とは異なる形で未来を描き、ユニークな自らが、この世界でどんな役割を果たすべきかを模索させます。結果として企業独自の回答（製品）を得て、次の大きな飛躍と繁栄を形づくるのです。

私たちはすべて独自の存在です。その違いを生み出している原点を再び見つめ直すことが、未来を照らす光となるのです。

あなたの属する会社、あなたの経営する企業の社員は、何を目指すときに「最高に燃えて奮い立つ」のか。企業や個人の原点の明確化こそが、空気の支配を打破する最強のエネルギーと推進力を生み出すのです。

日本人、日本という国を考えたときも、原点の追求は同じ効果と力を与えてくれます。明治時代が統一国家の創造とナショナリズムを必要とした、世界的に特殊な時代であったなら、日本人の原点は恐らく江戸時代まで遡るでしょう。明治以前の日本人の原点、歴史が教える日本人の譲れない根本主義《ファンダメンタリズム》を明確にすることが最善なのです。

それができたとき、私たち日本人は最も健全な形で現在を否定・超越することが可能になります。空気ではなく原点から現状を把握して日本人の新たな未来を見つけ、国家としても新時代の日本を生み出すことができるのです。

まとめ

根本主義《ファンダメンタリズム》とは他者と異なる自らの原点である。ベスト・アンド・ブライテストの否定とは、既存の前提を基に発想する行為の否定である。共同体や個人の最も譲れない原点と、世界に対する新しい現状認識の組み合わせこそが、独自の変革を生み出す起爆材となる。

空気の正体

26 ムラを解放する「独自の正義」が空気を変える

明日から会議に出て下さらなくて結構です

山本氏は『日本人と「日本病」について』で、ある逸話を紹介しています。世界的な教会会議で、出席していた日本人牧師が、ご意見はありますかと聞かれて、次のように答えました。

………

（日本人牧師）「皆さんと同じです」

するど議長から、日本人牧師はこう言われたのです。

………
「明日から会議に出て下さらなくて結構です」[*21]

私たち日本人にはややショッキングな逸話ですが、なぜ日本人牧師はこのような言葉を議長から投げかけられてしまったのでしょうか。

あなたは集団に貢献する「独自の正義」を持っているか

日本人牧師が、次回の参加を断られた理由は、組織原理からすればシンプルです。

わざわざ日本人牧師に意見を聞いたのは、世界会議の他の出席者とは異なる視点で、共同体に新しい提言や貢献ができるのではないかと考えたのでしょう。

すでに知っている間柄の牧師たちを一つのムラとすれば、既存のムラの前提とは違うムラ（日本）の牧師が参加していたからこそ、意見を聞いたのです。

理由は、異なるムラを横断的に貫く、より高いレベルの社会正義をこの日本人から得られるのではないかと期待したからです。

つまり、この日本人牧師から聞き出したかったのは、あなたが集団に貢献する独自の正義を持っているか否か、ということだったのです。

それは、世界会議の既存メンバーにはない、新しい正義と考えることもできるでしょう。誰かの中にある正義が共同体の中に投げ込まれることで、過去の共同体よりもさらに進化して、メンバーの幸福や豊かさ、健全さの新しい最適化を成し遂げる。

このような行為を受け入れて、定期的に実行するのは、ムラ自体が常にある種の競争にさらされているという意識があるからだと思われます。

逆にムラが一つで不変と考えると、ムラと違う意見を持つことが摩擦になります。そのため、この日本人牧師は「皆さんと同じです」と答えたのではないでしょうか。

共同体が外的な競争を勝ち抜くためには、常に進歩改善をする必要があります。ムラ全体を支配して異論を排除することが、ある種の勝利と考える日本とは異なり、新しい正義を共同体に取り入れて、全体を進化させる思想を西欧は持っているのです。

ジョブズがアップルⅡ開発時に持っていた「独自の正義」

あなた個人、あなたの会社は独自の正義を持っているでしょうか。

その正義が広く普及したとき、人々に新たな利便性と自由・解放をもたらすか。

これは、山本氏が描いた「根本主義《ファンダメンタリズム》」の構造に酷似しています。

例えば、前出の『イノベーションのDNA』で紹介されている次の逸話は、ビジネスにおける根本主義《ファンダメンタリズム》がどう機能するかを示唆しています。

アップルの名を一躍世に知らしめたコンピュータ、アップルⅡ。その鍵となったイノベーションの一つは、パソコンは静かであるべきだという、ジョブズの決定から生まれた。[*22]

ジョブズは禅と瞑想に深い造詣があり、コンピュータのファンの音が精神集中を妨げると感じていました。彼はこの信念から、アップルⅡに冷却ファンを付けないことを決めていたのです。

当時としてはかなり過激な考えだった。それまでファンの必要性に異を唱える人などいなかった（中略）。発熱量の少ない新しいタイプの電源装置を開発しない限り、ファンをなくすことはできない。[*23]

ジョブズは「パソコンは静かであるべきだ」という独自の正義を持っていました。しかし、それ以前、コンピュータの電源装置には冷却ファンが必須でした。その意味で、ジョブズの正義以前のベスト・アンド・ブライテストとは、冷却ファンは必須、という前提を起点にして、最善の結果を追求することだったのです。

ベスト・アンド・ブライテストの否定とは、古い前提に拘束された最善解を排除して、前提のない状態で、最善・理想的な可能性を検討・追求することなのです。

普遍性の高い正義は、世界に新しい自由と解放を生み出す

ジョブズは新しい電源装置を設計できる人物を熱心に探し回り、当時アタリに勤めていたロッド・ホルトを見出します。強引なジョブズの勢いに負けたホルトが開発したのが、スイッチング式の電源装置であり、電子機器の電力供給方式の革命となりました。史上最も静かで最も小型のパソコン、アップルⅡがこのとき誕生したのです。

アップルⅡの開発とジョブズの逸話には、見逃せない重要な結果があります。ジョブズの正義が、冷却ファンの騒音から世界の人々を解放したことです。

彼独自の正義が、パソコンの騒音からの自由を世界の人々にもたらしたのです。

ジョブズの正義と根本主義《ファンダメンタリズム》の構造

①古い前提を否定する、非合理ともいえる独自の正義を掲げる
②独自の正義の実現を合理的に追求する
③人々を古い前提から解放して、自由と新たな利便性を与える

たった一人の独自の正義、最初は非合理だったその正義が、古い前提を基にした最善解を否定します。その正義の合理的な追求は、一つのムラの枠を超えて、世界中のムラ人に新しい自由をもたらしたのです。これこそが普遍性の高い社会正義の力、と表現することもできるでしょう。

革新、革命、自由の創造は、普遍性の高い社会正義から生み出されます。

その社会正義の普遍性が高いほど、一つのムラだけを幸せにするのではなく、より多くのムラを貫いて、幸せや利便性、新たな自由と解放をもたらします。

歴史上、高い尊敬を得た存在は、常に普遍性の高い社会正義を伴っていました。ムラを横断的に貫き、人々を拘束から解放し、新たな自由をもたらしてきたのです。

スティーブ・ジョブズが起業家として尊敬されたのも、人々を古い前提の拘束から解放し、自由を与える製品をつくり出したからでしょう。

ジョブズが尊敬していたといわれる、ソニーの創業者である盛田昭夫氏にも同じことが言えます。盛田氏がつくった創業理念は、技術者の解放と、最新技術の国民生活への即時応用だったのですから。

思考の盲点にひそむ非常識な本質

古い前提を否定して、新たな理想を描き、実現する。この発想を基に、あらゆる可能性を検討するからこそ、飛躍と革命が生まれるのです。

日本の日産自動車のスーパースポーツカー「GT－R」の元開発責任者で、レース監督でもあった水野和敏氏は、著書『非常識な本質』で次のように述べています。

「こんなことを考える人がいない」ということは、多くの人が「思考の盲点」に陥っていることです。逆にいえば、そうした盲点にこそ、他人からすれば非常識だけど物事の本質が隠れているのです。[*24]

古い前提、人々を拘束している悪しき前提の否定には、エネルギーが必要です。

だからこそ、私たち日本人の根本主義《ファンダメンタリズム》、譲れぬ正義が効果的なのです。

一方で、これまでの産業史を振り返っても、日本人と日本企業の製品は、たびたび世界に普及して、多くの自由を広く人々に与えてきました。

今、日本企業と日本人に求められているのは、普遍性の高い正義を世界に投げ込む力であり、悪しき前提を否定して、あらゆる可能性を検討できる本物の自由なのです。

製品開発やブランド戦略にしても、これは共通します。普遍性の高い正義を世界に問いかけて、どんな力で人々を解放するか。自らのビジネスをこのように自己描写することで、世界の解放者になるべきなのです。

現代ビジネスの覇者は、前提外しの思考力に優れている

現代ビジネスでも、「前提を疑う思考力」は重要なポイントになります。

あらゆる企業、組織、ビジネスは繁栄するための前提条件を持つからです。

最近では、自動車のEV化が日本国内でも大きな話題になっています。

現時点で世界市場を席巻している日本製の自動車は、内燃機関のエンジンの精密さと、変速機であるミッションの優秀性などが勝因と考えられています。

しかし、電気自動車にはエンジンと変速機が必要ありません。そのため、日本の自動車メーカーの繁栄の前提が、電気自動車へのシフトで揺らぐ可能性が指摘され始めています。最新のビジネス競争では、ライバル企業に有利な前提を破壊することを狙います。

前出の『イノベーションのDNA』は、革新的なイノベーターに共通する4つの行動を挙げています。

①現状に異議を投げかける質問
②技術や企業、顧客などの観察
③新しいことを試した経験や実験
④重要な知識や機会に目を向けさせてくれた会話

いずれも何らかの「固定的だと思われている前提」に疑問を投げかけることで、他社が思いつかない魅力を持つ製品やサービスをつくり上げる機会となるものです。

「空気とはある種の前提である」と理解すると、私たちが考えていたよりも、遥かに多くの存在が、空気を破壊する機能を持っていることがわかります。

空気を破壊する存在の例

- 相対化
- 新しい技術
- 新しい視点
- 新しい価値観
- 新しい社会の潮流
- 新しい外部環境

２０１６年の冬、アマゾンは新しいコンビニエンスストアのモデル店舗「Amazon Go」を発表しました。その店舗にはレジがなく、消費者が棚から商品を取ると、画像解析と電波通信で店舗を出る瞬間にネットで清算が完了する機能を備えています。

この数年間で話題となったAirbnbは、個人の自宅を宿泊できる形で貸すという意味で、ホテルのような既存同業の前提を変えています。配車サービスのUberも、個人ドライバーがタクシーの役割を果たすことで、これまでの移動の前提条件を変えています。

相手が成功している前提条件を分析する力、その前提条件を破壊して自社に有利な状況をつくり出す力こそが、ビジネス、特にベンチャービジネスを動かす原動力になっているのです。

未来は古い前提とは関係なく発展し、新たな変化は広がっていきます。古い前提に固執すれば、人々を拘束したまま自らが時代遅れになっていくのです。

日本と世界に溢れる「前提」を見抜き、新たな未来のために、より健全で多くの人々が幸福になれる前提を発見すること。古い前提から自由になり、新しい前提をつくり上げる力こそが、日本の現在と未来を豊かなものにするのではないでしょうか。

まとめ

古い前提を否定する、「独自の正義」を合理的に追求することで、多くの人により大きな自由をもたらせる。ビジネスにおいても、思考の盲点を突く、前提外しの思考力がイノベーションを生み出す。

27 空気を打破することは知性を回復することである

歴史が教える事実「空気の固定化は破滅への道」

山本氏は、空気の固定化は問題解決力や修正力の破壊につながるとしています。

イタイイタイ病の場合、最も大切な問題は厳密な原因探究に基づく正確な診断であり、次にそれに基づく正しい治療であり、同時に新たな患者が発生することを防ぐ的確な処置である。[*25]

病気の治療法のようなものは、最初から完全な正解が得られるとは限りません。事実を織り込みながら改善・進歩が繰り返され、正解に近づいていくものです。

ところが、空気すなわち前提が固定化されると、「この病気の治療法はAである」という判断が固定化され、反証する事実や症例、新たな患者の発生があってもこの空気を一切変えません。すると、山本氏がこう指摘する状態になるのです。

患者は正しい治療が受けられず、従って治癒は望めず、また新たな患者の発生も防げないだけでなく、あらゆる無駄な努力・無駄な投資を行ないながら、何の結果も得られないはずである。それは太平洋戦争に等しい経過と結末を見るであろう。[*26]

現実が誤りを指摘しても、対応を修正しなければ、破滅への道が出現するのです。

分析的な追求には「前提の放棄」が必要である

空気＝ある種の前提の固定化は、物事の追求や分析力を徹底的に破壊します。

本当に持続的・分析的追究を行なおうとすれば、空気に拘束されたり、空気の決定に左右されたりすることは障害になるだけである。[*27]

ある種の前提、強固な思い込みを保持したまま、完全な追求や分析はできません。その前提に反する現実を見ず、受け入れないからです。

次の山本氏の言葉も象徴的です。

……

対象を臨在感的に把握することは追究の放棄[*28]

臨在感的な把握とは、対象と何らかの善悪の感情を結び付けて理解することでした。感情的に好き嫌い、良い悪いをすでに持っている（持たされた）状態なのです。

すると、感情的な前提や先入観に反する現実を見ず、人々は無視してしまう。

感情的な善悪に支配されると、本当の意味での対象の分析は不可能になります。

逆に、対象を健全に追求するには「前提の放棄」が必要なのです。

その前提の放棄を妨げる、最大の悪となるのが「空気を絶対化する体制」なのです。

空気に支配されると「同じムラ人詐欺」が始まる

山本氏は、『「空気」の研究』の第2章で「忠」「孝」という儒教の二つの概念を解説し

空気の固定化は集団の問題解決力を奪う

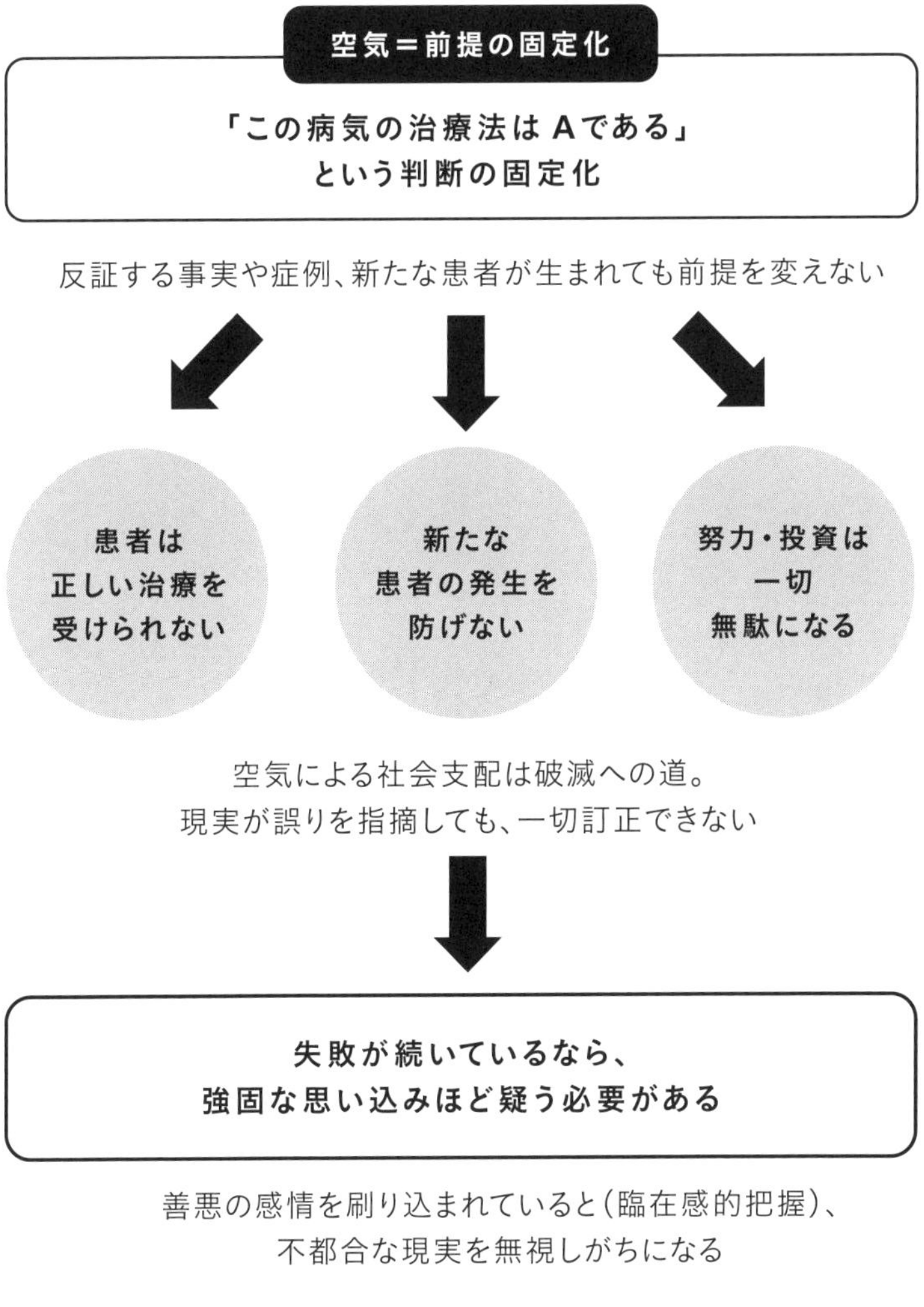
空気＝前提の固定化
「この病気の治療法はAである」
という判断の固定化
反証する事実や症例、新たな患者が生まれても前提を変えない
患者は
正しい治療を
受けられない
新たな
患者の発生を
防げない
努力・投資は
一切
無駄になる
空気による社会支配は破滅への道。
現実が誤りを指摘しても、一切訂正できない
失敗が続いているなら、
強固な思い込みほど疑う必要がある
善悪の感情を刷り込まれていると（臨在感的把握）、
不都合な現実を無視しがちになる

ています。

「忠」とは、相手が相応の条件で自らを扱ってくれることで、その恩に応える考え方です。一方の「孝」は、血縁という天与の非契約的な秩序の基本です。儒教では本来、「忠」は「孝」とは別の概念ですが、日本では一緒にされました。

三十年前まで（敗戦までの時代）の日本は、「忠孝一致」で「孝」を組織へと拡大化した状態を「忠」と呼び、「君、君たらずとも臣は臣たれ」を当然とした社会であった。[*29]

「孝」は、明治以降から〃極限まで拡大された〃と山本氏は指摘しています。武士は、殿様からの「恩」があったからこそ、恩に報いるために仕えました。しかし明治以降は、「恩」がなくとも「忠」であれ、という狂気の思考が極限まで拡大されていったのです。

それは、なぜでしょうか。利害の異なるムラはもう存在しない、という虚構が国家にあったからです。

神風特攻隊では、部下にさんざん特攻を強要しながら、最後は敗戦前に自分だけ逃げ出した上官がいました。命を散らすムラの者と、命令だけをする特権的な立場のムラ人は、確実に利害が対立するはずです。

しかし、社会正義もなく（つまり支配側が果たすべき義務が一切明示されず）、不条理と悲劇を当然のように下層の別のムラ人たちに押し付けてきたのは、異なるムラは存在しないというウソゆえではないでしょうか。

「これほど苛烈な命令を下すあなたは、一体どんな義務を果たすのか？」

「それはあなたには利益でも、私たちの利益には一切ならないのでは？」

お互いに異なるムラにいる前提のもとでは、当然このような疑問が生じます。

しかし同じムラ人のような顔で近づいてくる者には、このような質問ができません。そうやって上層部は、下層のムラ人に極限の献身と犠牲を要求しながら、自分たちはまったくの安全圏にいるのです。

山本氏は、書籍『日本はなぜ敗れるのか』の「敗因二十一ヵ条」の中で敗戦の理由をこのように指摘しています。

………

日本は余り人命を粗末にするので、終《しま》いには上の命令を聞いたら命はないと兵隊が

気付いてしまった。生物本能を無視したやり方は永続するものでない。[30]

階級社会が厳然とありながら、「みんな同じムラの人」という幻想を植え付ける。「同じムラ人詐欺」のような状況が、社会正義の必要性を喪失させ、他者に一切配慮せずに一方的な犠牲と搾取を要求できる前提になったと考えることができるのです。

空気と水では正しい未来は描けない

山本氏は、「空気と水」では未来は描けないという衝撃的な指摘をしています。

忘れてはならないことは、空気も水も、現在および過去のものであって、未来はそれに関係ないということである。従ってこの方法をとるとき、人は必然的に保守的にならざるを得ない。[31]

空気が臨在感、ある種の憧れと何かを結び付けることから始まるとき、そこには「すでにある誰かの姿」があり、それを理想像として捉えることが起点になりがちです。

いわゆる先進国の「現在」を自己の未来として臨在感的に把握することによって可能だったわけで、これは厳密な意味の未来ではない。[*32]

先進国という他者の現在を美化して未来像にすることは、彼らが拘束されている前提を、自らも引き継ぐことを意味します。それは真に創造的な未来ではないのです。

また、革新的なベンチャー企業の多くは、創業時に「そんなことは無理だ」と言われました。水はあくまで過去の物差しだからです。

山本氏は『一九九〇年代の日本』という著作で、「これより先に行くな」というタブーを打ち破り、未来へと大胆に取り組むことが大切だと述べています。[*33]

未来は古い前提とは関係なく発展します。一切の拘束（前提）がないと仮定して理想像を描き始めることが、本当の豊かさと繁栄を未来に生み出すことにつながるのです。

空気を打破することは、知性を回復すること

小説家の司馬遼太郎氏は、書籍『日本学入門』で山本氏と対談しています。その中で、司馬氏は、日本軍がリアリズムを喪失し、イデオロギーに依存して虚構に溺れた理由に、

石炭から石油へのエネルギー転換を指摘しました。石油を産出しない国土にいた日本軍は、エネルギー革命という問題に対処できず、未来像を失ったからです。

未来像が描けないのに、自己の存在を正当化して支配力を維持するために、日本軍はやがて空気という虚構に溺れて、リアリズムを失っていったと言います。

「空気＝前提」とした議論の中で、ウソの前提になぜ日本人がこれほど騙されるのかは不思議です。

しかし、それが共同体原理に関連しているならどうでしょうか。時代遅れとなった共同体が、自己正当化のため、前提を継続して支配しようとする。すると、古い前提にしがみつくため、共同体を空気で拘束し始める。

時代遅れの組織、時代遅れの共同体ほど、自らの支配力を維持するために、集団全体をある種の前提で支配し、結果として時代の変化で全員を悲劇への道連れにするのです。

悪意ある前提は本当の問題点を隠します。空気に支配された集団や個人は、問題の核心にいつまでもたどり着けず、その周りをぐるぐる回るだけになってしまいます。

知性というものが、正しく考える、判断する能力であるならば――。空気による支配とは、知性を奪われることであり、空気の打破とは、私たちの知性を取り戻すことなのです。

歴史上、革命や革新、イノベーションは常に、空気を打破する者によって成し遂げられてきました。解放の力が拘束に劣化したとき、新時代が空気の打破とともに訪れるのです。日本と日本人は、時代遅れの組織が生むゆがんだ空気を見抜き、それを破壊して、健全で豊かな未来を見出すために、自らの知性を回復するときを迎えているのです。

まとめ

空気が固定化されると、問題解決力は消失する。現実を無視して前提通りにふるまう虚構は、その背後で問題を膨張させて、破綻と悲劇を巨大化させる。空気の打破とは、日本人が知性を回復することであり、豊かな未来を見出すスタートラインとなる。

おわりに——空気を超克する新たな時代の創造へ

空気、つまり前提による拘束は、問題解決力や方向転換の能力を破壊します。古い前提に一致しない、都合の悪い現実を無視し続ける圧力となるからです。勝てるはずのない戦争を始め、失敗が確実なプロジェクトも強引に推し進めてしまう。方向転換できない、悪天候でもフライトプランを変更できない飛行機はどうなるか。一旦離陸すれば、最後は必ず墜落する運命となるでしょう。

空気に拘束された集団は、前提に支配されて意思決定を行ってしまう。すると、恐ろしく不合理な結論が、特定のムラの前提に誘導されて決まってしまう。

一方で、前提を誘導した者の姿は見えず、失敗の責任者は誰かわかりません。結論を決めたのは、個人ではなく集団の圧力(空気)となり、山本氏が『「空気」の研究』で指摘した「全体主義的無責任体制」と呼ぶ状態が出現してしまうのです。

私たち日本人は、前提の誘導や他の可能性を潰す者に、もっと警戒すべきなのです。

空気は過去の戦争のみならず、現代の企業、学校、家族、政治、ネット社会、地域社会などのあらゆる日本の組織・コミュニティーでも問題を次々と生み出しています。

一方で、『「空気」の研究』を、豊かな未来への提言・道筋とすることもできます。「未来は空気や水とは関係なく発展する」、これは社会変革の鍵となる指摘です。健全な形で前提を疑い、前提を超越することで新たな未来が開かれる。

日本は過去、この構造をプラスに活用して、幾度も再生と飛躍を成し遂げてきました。

本書の解説は、山本七平氏の名著『「空気」の研究』を紐解きながら展開しています。巨人の肩に乗った風景、という言葉がありますが、山本氏という日本学の巨人の英知を借りることで、本書は成立することができました。

空気に関心を持たれた方には、『「空気」の研究』はもちろんのこと、山本氏の『一下級将校の見た帝国陸軍』『ある異常体験者の偏見』（すべて文春文庫）の2冊も併せてお読みになることを強くお勧めします。日本社会が空気で支配され、悲劇への一本道を突き進んだあの時代の実態と、山本氏ご本人の苛烈な体験を、この2冊から知ることができます。

著名な『「空気」の研究』を超入門化するため、本書は複数の作業と長期間の洞察を経て完成しています。同氏の著作を多数分析し、空気の記述を幅広く集め、特に共著や対談本で、山本氏の頭にある論理を、別の表現で引き出したケースに着目しました。

背後の構造を洞察するヒントとしてこれらを咀嚼したのち、一旦すべての言葉を手離しました。集めた情報は有益ながら、超入門としては言葉も理論もまだ難解だったからです。

資料を基に「究極的に、これは一体何を意味するのか」という問いを約2年間にわたり繰り返しながら執筆を進め、お読みいただいた本書の論理構造としています。

未来は、私たちが古い前提に拘束されなければ、無限の豊かさを秘めています。

日本社会のあらゆる面を拘束している空気の正体を知ることは、私たち日本人を真に理解することにつながります。空気の理解によって、新たな失敗・悲劇を防ぎ、私たち日本人が、未来の可能性を最大限活用できるようになるのです。

最後に、山本氏の名著の引用・解説の許諾をいただきました、文藝春秋様と、山本七平氏のご遺族、並びにダイヤモンド社に、この場を借りて深くお礼申し上げます。

また、本書の編集担当の市川有人氏には、多くの示唆とともに長期の執筆を支えていただき、本書を完成させることができたことを申し添えておきます。

2018年11月

鈴木博毅

*8　『日本教の社会学』 ………………… P.58
*9　『「空気」の研究』 ………………… P.161
*10　『「空気」の研究』 ………………… P.162
*11　『「空気」の研究』 ………………… P.162
*12　『「空気」の研究』 ………………… P.163
*13　『「空気」の研究』 ………… P.163〜164
*14　『「空気」の研究』 ………………… P.164
*15　『ある異常体験者の偏見』 …… P.177
*16　『ある異常体験者の偏見』 …… P.178
*17　『ある異常体験者の偏見』 …… P.183
*18　『「空気」の研究』 ……………………… P.77
*19　『「空気」の研究』 ……………………… P.77
*20　『「空気」の研究』 ……………………… P.76
*21　『「空気」の研究』 ……………………… P.79
*22　なだいなだ『民族という名の宗教』（岩波新書） ………………………… P.132〜133
*23　『「空気」の研究』 ………………… P.153
*24　早川タダノリ『「日本スゴイ」のディストピア』（青弓社） ………………… P.22、47
*25　ビル・エモット／ピーター・タスカ『日本の選択』（講談社インターナショナル） P.235

第7章

*1　『「空気」の研究』 ……………………… P.71
*2　『いじめの構造』 ………………… P.199
*3　『いじめの構造』 ………………… P.200
*4　『いじめの構造』 ………………… P.203
*5　『「空気」の研究』 ………………… P.169
*6　リチャード・S・テドロー／土方奈美訳『なぜリーダーは「失敗」を認められないのか』（日経ビジネス人文庫） ……… P.287
*7　イザヤ・ベンダサン『日本人とユダヤ人』（角川文庫ソフィア） …………… P.125
*8　『日本人とユダヤ人』……… P.126〜127
*9　『日本人とユダヤ人』…………… P.120
*10　『「空気」の研究』 ………………… P.211
*11　橋爪大三郎／大澤真幸『ふしぎなキリスト教』（講談社現代新書） ……… P.330
*12　『日本教の社会学』 ………………… P.2
*13　『「空気」の研究』 ………………… P.183
*14　『「空気」の研究』 ………………… P.198
*15　『「空気」の研究』 ………………… P.185
*16　『「空気」の研究』 ………… P.199〜200
*17　クレイトン・クリステンセン他／櫻井祐子訳『イノベーションのDNA』（翔泳社） … P.243〜244
*18　『イノベーションのDNA』 ……… P.244
*19　『イノベーションのDNA』 ……… P.244
*20　『「空気」の研究』 ………………… P.185
*21　山本七平『山本七平全対話（5）日本人と「日本病」について』（学研） … P.15〜16
*22　『イノベーションのDNA』 ………… P.21
*23　『イノベーションのDNA』 ………… P.21
*24　水野和敏『非常識な本質』（フォレスト出版） …………………………………… P.35
*25　『「空気」の研究』 ………………… P.142
*26　『「空気」の研究』 ………………… P.142
*27　『「空気」の研究』 ………………… P.223
*28　『「空気」の研究』 ………………… P.223
*29　『「空気」の研究』 ………………… P.136
*30　『日本はなぜ敗れるのか』……… P.225
*31　『「空気」の研究』 ………………… P.216
*32　『「空気」の研究』 ………………… P.216
*33　『一九九〇年代の日本』 ……… P.109

＊7　『「空気」の研究』……………………P.44
＊8　『「空気」の研究』…………　P.212～213
＊9　『「空気」の研究』………………　P.217
＊10　『「空気」の研究』……………………P.40
＊11　『「空気」の研究』……………………P.66
＊12　『「空気」の研究』…………………… P.37
＊13　山本七平／岸田秀『日本人と「日本病」について』（文春学藝ライブラリー）　P.89
＊14　『「空気」の研究』……………………P.38
＊15　『「空気」の研究』……………………P.39
＊16　山本七平『日本はなぜ敗れるのか』（角川oneテーマ21）……………………　P.125
＊17　『日本はなぜ敗れるのか』………　P.127
＊18　『日本はなぜ敗れるのか』………　P.148
＊19　『「空気」の研究』………………　P.219
＊20　『「空気」の研究』……………………P.38
＊21　『日本教の社会学』　………………P.94
＊22　『「空気」の研究』…………　P.135～136

第4章

＊1　『「空気」の研究』…………………… P.32
＊2　『「空気」の研究』…………………… P.32
＊3　『「空気」の研究』…………………… P.63
＊4　辻田真佐憲『大本営発表』（幻冬舎新書）……………………………………………　P.4
＊5　『大本営発表』　……………　P.196～197
＊6　『大本営発表』　…………………　P.145
＊7　『大本営発表』　……………　P.194～195
＊8　『「空気」の研究』……………………P.43
＊9　『「空気」の研究』……………………P.43
＊10　『「空気」の研究』……………………P.44
＊11　ブリュノ・ラトゥール／荒金直人訳『近代の〈物神事実〉崇拝について』（以文社）P.4
＊12　『近代の〈物神事実〉崇拝について』　P.5
＊13　『「空気」の研究』…………………… P.73
＊14　『「空気」の研究』………………　P.214
＊15　『「空気」の研究』…………　P.215～216
＊16　『「空気」の研究』……………………P.56
＊17　『「空気」の研究』……………P.46～47
＊18　『「空気」の研究』……………………P.49
＊19　『「空気」の研究』……………………P.49
＊20　ジャック・ペレッティ／関美和訳『世界を変えた14の密約』（文藝春秋）　…　P.127
＊21　『世界を変えた14の密約』　……　P.128
＊22　清水勝彦『その前提が間違いです。』（講談社）　……………………………　P.218
＊23　『世界を変えた14の密約』　……　P.122

第5章

＊1　『「空気」の研究』………………　P.154
＊2　『「空気」の研究』……………………P.91
＊3　『「空気」の研究』……………………P.91
＊4　『「空気」の研究』……………………P.92
＊5　『「空気」の研究』……………………P.92
＊6　『「空気」の研究』……………P.87～88
＊7　『「空気」の研究』………………　P.222
＊8　『「空気」の研究』………………　P.172
＊9　『「空気」の研究』………………　P.103
＊10　『「空気」の研究』………………　P.129
＊11　『「空気」の研究』………………　P.158
＊12　『「空気」の研究』…………　P.170～171
＊13　『「空気」の研究』……………………P.87
＊14　『「空気」の研究』……………………P.87
＊15　『「空気」の研究』……………P.87～88
＊16　『「空気」の研究』……………………P.88
＊17　『「空気」の研究』……………………P.93
＊18　『「空気」の研究』……………………P.94
＊19　『「空気」の研究』………………　P.136
＊20　『「空気」の研究』……………………P.98
＊21　山本七平『一九九〇年代の日本』（PHP文庫）　…………………………　P.91、94
＊22　『「空気」の研究』……………………P.94

第6章

＊1　『「空気」の研究』………………　P.161
＊2　『「空気」の研究』………………　P.161
＊3　『「空気」の研究』………………　P.161
＊4　『「空気」の研究』………………　P.150
＊5　『「空気」の研究』…………　P.150～151
＊6　『「空気」の研究』………………　P.151
＊7　『「空気」の研究』………………　P.152

後注（出典元）

はじめに

＊1　山本七平『「空気」の研究』（文春文庫）……P.20
＊2　『「空気」の研究』……P.15
＊3　『「空気」の研究』……P.16
＊4　『「空気」の研究』……P.19

第1章

＊1　『「空気」の研究』……P.14
＊2　『「空気」の研究』……P.22
＊3　『「空気」の研究』……P.31
＊4　『「空気」の研究』……P.15
＊5　『「空気」の研究』……P.14
＊6　『「空気」の研究』……P.14～15
＊7　『「空気」の研究』……P.15
＊8　鴻上尚史『不死身の特攻兵』（講談社現代新書）……P.109
＊9　『不死身の特攻兵』…P.113～114、126
＊10　『「空気」の研究』……P.22
＊11　『「空気」の研究』……P.16～17
＊12　『「空気」の研究』……P.17
＊13　『「空気」の研究』……P.17
＊14　山本七平『ある異常体験者の偏見』（文春文庫）……P.210
＊15　小室直樹／山本七平『日本教の社会学』（ビジネス社）……P.151
＊16　『「空気」の研究』……P.53
＊17　『「空気」の研究』……P.53
＊18　『「空気」の研究』……P.22～23
＊19　『「空気」の研究』……P.23

第2章

＊1　『「空気」の研究』……P.142
＊2　『「空気」の研究』……P.144
＊3　『「空気」の研究』……P.141
＊4　天谷直弘『叡智国家論』（PHP研究所）……P.57
＊5　『叡智国家論』……P.57
＊6　『「空気」の研究』……P.126
＊7　鴻上尚史『「空気」と「世間」』（講談社現代新書）……P.10
＊8　『「空気」と「世間」』……P.11
＊9　内藤朝雄『いじめの構造』（講談社現代新書）……P.138
＊10　『いじめの構造』……P.139
＊11　『いじめの構造』……P.19～20
＊12　『いじめの構造』……P.20
＊13　『「空気」の研究』……P.108
＊14　『「空気」の研究』……P.123
＊15　『「空気」の研究』……P.123
＊16　『「空気」の研究』……P.112～113
＊17　『いじめの構造』……P.20
＊18　『「空気」の研究』……P.108
＊19　『「空気」の研究』……P.108
＊20　『「空気」の研究』……P.112
＊21　『いじめの構造』……P.58～60
＊22　『いじめの構造』……P.58

第3章

＊1　『「空気」の研究』……P.36
＊2　『「空気」の研究』……P.42
＊3　『「空気」の研究』……P.33
＊4　福澤諭吉／齋藤孝編訳『現代語訳　福翁自伝』（ちくま新書）……P.31
＊5　『現代語訳　福翁自伝』……P.32
＊6　『「空気」の研究』……P.42～43

[著者]

鈴木博毅（すずき・ひろき）

ビジネス戦略コンサルタント。MPS Consulting 代表。

1972 年生まれ。慶應義塾大学総合政策学部、京都大学経営管理大学院（修士）卒業。

大学卒業後、貿易商社にてカナダ・オーストラリアの資源輸入業務に従事。その後国内コンサルティング会社に勤務し、2001 年に独立。戦略論や企業史を分析し、負ける組織と勝てる組織の違いを追究しながら、失敗の構造から新たなイノベーションのヒントを探ることをライフワークとしている。わかりやすく解説する講演、研修は好評を博しており、顧問先にはオリコン顧客満足度ランキングで 1 位を獲得した企業や、特定業界での国内シェア No.1 企業など多数。主な著書に『「超」入門 失敗の本質』『「超」入門 学問のすすめ』『戦略の教室』『戦略は歴史から学べ』『実践版 孫子の兵法』『実践版 三国志』『最強のリーダー育成書 君主論』『3000 年の英知に学ぶリーダーの教科書』などがある。

「超」入門 空気の研究

日本人の思考と行動を支配する27の見えない圧力

2018年12月5日　第1刷発行
2018年12月18日　第2刷発行

著　者――鈴木 博毅
発行所――ダイヤモンド社
〒150-8409　東京都渋谷区神宮前 6-12-17
http://www.diamond.co.jp/
電話／03･5778･7232（編集）　03･5778･7240（販売）
装丁――水戸部功
本文デザイン――布施育哉
校正――鷗来堂
本文DTP――ダイヤモンド・グラフィック社
製作進行――ダイヤモンド・グラフィック社
印刷――堀内印刷所(本文)・加藤文明社(カバー)
製本――ブックアート
編集担当――市川有人

ISBN 978-4-478-10220-6